重庆市璧山区教育科学「十四五」规划2023年度一般课题「生态文明教育融入乡土生物课程的策略研究」成果
（立项批准号:2023-40）

名师工程
教研提升系列

中学生物学教学的知与行

杨江冰 —— 主编

西南大学出版社
国家一级出版社 全国百佳图书出版单位

图书在版编目(CIP)数据

中学生物学教学的知与行/杨江冰主编. -- 重庆：西南大学出版社, 2025.6. -- ISBN 978-7-5697-3082-1

Ⅰ. G633.912

中国国家版本馆CIP数据核字第202535MK77号

中学生物学教学的知与行
ZHONGXUE SHENGWUXUE JIAOXUE DE ZHI YU XING

主　　编　杨江冰
副 主 编　肖　轶　彭　静　杨洪斌　马雪梅

选题策划｜王玉菊
责任编辑｜蒋云琪
责任校对｜朱春玲
特约校对｜孙门吉
装帧设计｜闰江文化
排　　版｜黄金红
出版发行｜西南大学出版社(原西南师范大学出版社)
　　　　　网上书店.https://xnsfdxcbs.tmall.com
　　　　　地址:重庆市北碚区天生路2号
　　　　　邮编:400715
　　　　　市场营销部:023-68868624
印　　刷｜重庆市圣立印刷有限公司
成品尺寸｜170 mm×240 mm
印　　张｜12.75
字　　数｜221千字
版　　次｜2025年6月 第1版
印　　次｜2025年6月 第1次印刷
书　　号｜ISBN 978-7-5697-3082-1
定　　价｜68.00元

编委会

主　审｜曹廷荣

主　编｜杨江冰

副主编｜肖　轶　彭　静　杨洪斌　马雪梅

编　委（按姓氏笔画排序）

叶红彬　付　梅　华艳梅　孙　冰
李金波　李锦成　肖　霞　吴　酉
吴林居　何　伟　张　兵　张纪琼
罗秀琴　姚　波　贺光丽　秦　汐
袁小娟　唐　瑶　陶　锐　黄　婷
龚南贵　彭　莉　敬　钰　傅　彬
曾晋洲　雷顺利　熊小英　滕远王

序言

中学生物学教学的探索与成长

在当今教育改革的浪潮中,中学生物学教学面临着诸多机遇与挑战。随着课程标准的不断更新,新的教学理念如雨后春笋般涌现,为生物学教学注入了新的活力,同时也给一线教师带来了不小的压力。璧山区中学生物曹廷荣名师工作室的老师们以其敏锐的洞察力和勇于探索的精神,积极应对挑战,在教学实践中不断摸索前行,取得了丰硕的成果,这本成果集正是他们智慧与汗水的结晶。

当前,我国基础教育课程改革进入了一个新的阶段。《普通高中生物学课程标准(2017年版2020年修订)》和《义务教育生物学课程标准(2022年版)》的颁布,为中学生物学教学指明了发展方向,引领我国中学生物学教学进入以核心素养为导向的教学改革新阶段。在新的课程改革中,中学生物学教师面临着诸多挑战。新的课程标准中出现了许多新的名词术语,如"核心素养""生命观念""大概念""跨学科实践""项目式学习""情境教学"等,这就要求教师们迅速理解这些并将其应用于课堂教学。同时,新的课程标准对探究性学习要求更高,教师需要解决学科教学知识、技能、课程资源开发等问题。教师作为课程的建设者和实施者,时代赋予了其更多、更高的要求。在新时代中,教师的专业发展显得更为重要。

璧山区中学生物曹廷荣名师工作室的老师们沉着应对挑战,先通过深入调研,了解新课改背景下教师们最为关注的问题。同时,结合生物学教学实践，总结出"三新"背景下教师专业发展、课堂教学、学业评价等方面亟待解决的问题。再将问题剖析分解后，对重点的问题进行研究，并提出解决问题的策略和建议。最后，为汇集研究成果，更为抛砖引玉、共同提高，将主题框架下的实践教学、大概念下的情境教学、新高考生物学试题研究与应用等，确定为本书的主要内容。

本书聚焦教师备课中的常见问题，探讨了如何解读教材、制定教学目标、设计学生活动等内容，为教师更好地备好每一堂课提供帮助；关注教师课堂教学中的常见问题，包括如何进行有效的课堂互动、培养学生的科学思维、进行跨学科实践等，为教师们提供实用的方法和策略，助力教师提高教学质量；探讨教师在教学研究时遇到的问题，提供试卷分析、听课评课、生物学研究前沿、教学资源整合等方面的丰富案例，明确研究思路和方法，帮助教师提升能力。

此外，工作室的老师们还对新高考重庆生物学试题进行了深入研究。他们结合高中生物学课程标准，仔细分析各省市高考试题和高考模拟试题，明确知识延伸的方向和深度，对生物学必修1《分子与细胞》中的重要概念进行了适度拓展。这些拓展知识主要源于翟中和等主编的《细胞生物学》、宋纯鹏编著的《植物衰老生物学》等专业著作，有助于提高教师的专业知识水平和提升教学效率。

在三年的历练中，工作室的老师们身体力行，积极实践，深刻反思。将阅读专著后的心得汇集成文，分享教育大家的智慧；将教学实践中的自我反思和感悟写成文章，交流教学中的知与行、情与思。这本成果集是他们个人成长的见证，可为广大一线教师提供宝贵的参考。

然而，由于编者多为一线中学生物学教师，在承担教学任务的同时，还肩负着班主任等管理工作。时间紧任务重，教师能力又有限，本书肯定存在不足，诚挚地邀请广大读者给予批评和指正，共同完善本书内容，提升本书质量。希望本书能够为中学生物学教师提供有益的参考和帮助，引起大家的研讨，促进生物学教学的不断发展和进步。让我们携手共进，在教育改革的道路上砥砺前行，为培养具有核心素养的新时代人才贡献自己的力量。

璧山区中学生物曹廷荣名师工作室全体成员

2024年12月10日

目录

第一章 | 目标促进成长、规划成就未来　　001

- ◎ 自我提升计划　　肖　轶　002
- ◎ 三年研修发展规划　　马雪梅　004
- ◎ 不负韶华，砥砺前行　　李锦成　007

第二章 | 主题框架下的实践教学　　010

- ◎ "都是石榴惹的祸"实践活动方案　　李锦成　011
- ◎ "葡萄变身酒"实践活动方案　　彭　静　012
- ◎ 感受生命脉动，发现生活之美
  ——"探索身边的植物"科技活动方案　　唐　瑶　014
- ◎ 真菌　　李锦成　021
- ◎ 节气里的生物密码
  ——霜降　　彭　静　025
- ◎ 消化与吸收　　唐　瑶　028

第三章 | 大概念下的情境教学　　　　　　　　　032

◎ 细胞的多样性和统一性　　　　　　　　　何　伟　033
◎ 细胞中的糖类和脂质　　　　　　　　　　叶红彬　035
◎ 细胞呼吸的原理和应用　　　　　　　　　李金波　040
◎ "遗传因子的发现"章末复习　　　吴林居　孙　冰　045
◎ 一对相对性状的遗传学实验　　　　　　　吴　酉　050
◎ DNA 的结构　　　　　　　　　　　　　　马雪梅　053
◎ 基因突变和基因重组　　　　　　　　　　张　兵　058
◎ 种群基因组成的变化　　　　　　　　　　罗秀琴　062
◎ 体液调节与神经调节的关系　　　　　　　杨江冰　068
◎ 生物的生存依赖一定的环境　　　　　　　唐　瑶　073
◎ 人体内生命活动的调节　　　　　　　　　李锦成　077
◎ 主题六：遗传与进化专题复习　　　　　　彭　静　080

第四章 | 新高考生物学试题研究与应用　　　　　085

第五章 | 历练总有成，百川汇成海　　　　　　　111

▶ 第一部分 | 论文

◎ 基于"做中学"的高中生物实验深度学习　　肖　轶　112
◎ 高中生物实验教学中渗透"立德树人"的实践思考
　　　　　　　　　　　　　　　　　　　　吴林居　118
◎ 基于"双减"视野的生态文明教育
　　——以"保护生物的多样性"为例　　　　杨江冰　121
◎ 关于国内外生物教育基地的探讨　　　　　马雪梅　130
◎ 基于核心素养的高中生物学情智课堂实践　何　伟　135
◎ "免疫系统的组成和功能"一节的教学设计
　　　　　　　　　　　　　　　　李俊满　肖　轶　141

◎高中生物教学中融入思政元素提升社会责任的探索
　　——以"生物多样性及其保护"教学为例　　　彭　莉　148
◎以"霜降"节气为例开展实践活动揭秘二十四节气
　　　　　　　　　　　　　　　　　　　　　　彭　静　153
◎基于"学、教、练"三段式教学模式的病毒教学设计
　　　　　　　　　　　　　　　　　　　　　　唐　瑶　157
◎基于核心素养培育的高中生物教学优化路径探索
　　　　　　　　　　　　　　　　　　　　　　姚　波　163
◎用问题驱动培养核心素养的教学设计
　　——以"观察植物叶片结构与探究蒸腾作用的意义"为例
　　　　　　　　　　　　　　　　　　　　　　李锦成　166

▶第二部分｜读书心得

◎读《锁定十五年　做一名出色教师》有感　　　彭　静　172
◎《追求理解的教学设计》读书心得　　　　　　李锦成　173
◎让良师益言入脑、入心、入行
　　——读《给教师的建议》有感　　　　　　　唐　瑶　175
◎《生命是什么》读书心得　　　　　　　　　　何　伟　178
◎让教育之爱，点亮学生心灵之光
　　——《让学生看见你的爱》读后感　　　　　杨江冰　180
◎《给教师的一百条建议》读书心得　　　　　　肖　轶　184
◎读《中学生物学教学论》有感　　　　　　　　马雪梅　187
◎《核心素养导向的观课议课》读后感　　　　　吴林居　189
◎读《派往明天的教师》有感　　　　　　　　　姚　波　190

第一章
目标促进成长、规划成就未来

自我提升计划

重庆市璧山中学校　　肖轶

从教十多年，不断追求，不断超越。如今有幸成为曹廷荣名师工作室的一员，对于我来说，这是一个新的挑战，同时也是新的机遇。为打破禁锢，克服惰性，追求进一步的提高，特进行如下分析并制定发展规划。

一、专业发展自我剖析

1. 个人基本情况

2004年，我毕业于西南师范大学生命科学学院。在多年的教育生涯中，在区、市、国家级赛课中均有获得奖项，如：璧山区优质课竞赛二等奖，重庆市优质课竞赛一等奖，"一师一优课、一课一名师"部级奖。长期辅导学生生物竞赛，在参加全国中学生生物学联赛的学生中有三人获得联赛一等奖，十余人获得联赛二等奖，因此被评为重庆市优秀主教练。在2019年被评为璧山区骨干教师和重庆市骨干教师培养对象。

2. 个人分析

在高中生物教学的多年中，对高中知识体系的研究和对常年教学的反思，为自己积累了丰富的教育教学经验，对知识的研讨使我具备了丰富的知识储备。在新课改背景下，面对不同于以往的教学环境，自己的适应能力明显不及以往，和年轻人相比更有着明显的差距。现阶段的我，优势不再突出，缺点却更加明显，需要不断学习、不断反思、取长补短、不断提高自己。

剖析自己的不足，才能更准确地定位自己、提升自己。自己的不足主要集中在以下方面。

(1)因循守旧，对新教学理念的学习和应用不够。

(2)管理能力和经历欠缺，一直没有承担班主任工作是一大遗憾。

(3)科研工作欠缺，虽时常研讨教育教学，也在不断总结归纳，但是未形成自己的成果和见解。

二、专业发展规划

1.专业发展总体定位

通过三年的学习和实践，不断更新教育观念，积极参与课改，改进教学，促进教学研究，全面提升自己的教学和科研能力。积极参加工作室工作，在实践探索中不断历练、总结和提升。发挥老教师"传帮带"的作用，利用工作室平台的辐射作用，整合璧山区内生物教学的优质资源，促进全区生物教学质量的共同提高。

2.三年发展总体目标

经过三年研修，争取成为一名教学科研全面发展的教师，力争成为重庆市骨干教师。参研1个市级课题，每年至少读2本理论专著或专业书籍，公开发表至少1篇论文，承担至少3节区级示范课。

3.三年发展分段目标

(1)第一阶段(2022年4月—2023年4月)。

①分析新教材，进行新课程标准和评价体系的研读。认真钻研教材，研读新课程标准和高考评价体系，做到有的放矢。②学习新的教育教学理念，认真交流和反思，不断改进教学，使自己能适应新时期的要求。运用新的理念，大胆实践，勤于反思，坚持将反思落地，形成自己的研究成果。③积极参加各类专题讲座、课堂观摩、论文评比等教学研究活动。承担区级公开课不少于1次。④积极参加工作室活动，齐心协力，共同完成工作室的各项工作。

(2)第二阶段(2023年5月—2024年4月)。

①邀请专家、名师对课堂教学进行诊断与指导，提高自身的教学能力，同时不断地积累经验和完善自己，形成自己的教学风格。②积累读书笔记、教学反思，并认真分析总结，形成论文或课题，力争发表或立项研究。③积极参加工作室活动，承担区级或区级以上公开课不少于2次。

(3)第三阶段(2024年5月—2025年4月)。

①积累经验并不断总结与反思，提升自己的理论水平，改进自己的教学，不断地完善自己。最大限度地激发自身优势，通过课堂研讨、送教下乡等形式，发挥辐射作用。②根据前期的总结和反思，通过交流和探讨形成研究成果，并应用于教学活动提高教学效率。③以此次加入名师工作室为新的起点，加倍努力，在曹老师的引领下，依托团队，争取在研究领域能突破自己，并成为重庆市骨干教师。

三年研修发展规划

重庆市璧山来凤中学校　马雪梅

自参加工作以来,我一直虚心学习,勤奋工作,期望着自己能够成为一名出色的高中生物教师。如今有幸成为曹廷荣名师工作室的一员,非常感谢璧山区教委、区教师进修学校和曹老师给予我这次机会,这既是对我多年生物教学工作的肯定,也是对我今后教学工作的勉励。在多年的工作中,我不断学习、模仿、参与、展示、比赛,辛勤的汗水和脚踏实地的精神是我成长的养分。但时代在变化,环境在变化,学生在变化,所以教学一直在变化,唯有不断学习、进步才能跟上时代的步伐。名师工作室给了我这个平台,站在平台上,我总结自己、分析自己、展望自己,以更加自信的步伐踏上中学生物教学之路。

一、专业发展自我剖析

1. 个人基本情况

2013年6月,我硕士研究生毕业于西华师范大学环境科学专业。2015年9月入职重庆市璧山来凤中学校,目前是一名一级教师,并任学校教务处主任。2018年,我被评为璧山区高中生物骨干教师。2021年,我在璧山区生物优质课竞赛中荣获一等奖,在重庆市生物优质课竞赛中荣获二等奖。

2. 个人优势

在各级领导的关怀引领下,在自己勤奋努力的基础上,在参加各级比赛的征程中,我对高中生物教学有了自己独特的见解,对高中生物新课程标准下的高中生物核心素养有了自己的认识,并由此形成了自己独树一帜的教学风格,在课堂教学活动设计方面有了自己的特色,积累了较为丰富的教育教学经验。如今,我带着微笑和自信走进课堂,走进学生的内心世界,用激情点燃激情,用智慧启迪智慧。

3. 个人短板

目前,我在教育教学和管理中也存在着一些不足,具体在于以下几个方面。

(1)有学习意识,但学习效率欠佳。虽能主动学习新的教育教学理念,听取各级各类讲座,对有关教育教学方面的书籍有所涉猎,但对教育教学理论专著,尤其是生物学专著、教育哲学、教育心理学等书籍的阅读甚少,理论水平亟待提高,专业知识缺乏深度和广度。

(2)常有反思,却惰于动笔。无论是班主任工作,还是学科教学,自己想法不少。虽敏于思,却很难落笔提升到理论层面。对教育案例和教学现象的捕捉,往往停留在感性经验的层面。

(3)教学机智和创新意识不够。

二、专业发展规划

1.专业发展总体定位

通过三年的努力学习和实践,不断丰富自己的理论知识,更新教育观念;积极参与课改,提高自身的教育教学水平,由经验型教师转变为研究型教师;树立服务意识,积极参与工作室送教下乡活动;在实践探索中不断总结经验,发挥区域辐射作用。

2.三年发展总体目标

通过三年研修,力争成为一名研究型教师。认真履行本职工作,形成并完善自己的教学风格。完成正在主研的1个区级课题,每年至少读2本理论专著并撰写读书笔记,公开发表1篇论文,承担3节区级示范课。

3.三年发展分段目标

(1)第一阶段(2022年4月—2023年4月)。

①加强个人修养,锤炼师德,严格要求自己。认真钻研教材,不断提高自己的课堂教学水平,努力学习业务知识,不断充实和提高自己,形成自己的教学风格。②积极参加名师工作室活动,响应工作室的号召,完成各项工作。虚心学习,博采众长,在教学实践中不断改进和提高,使自己的教学水平再上一个台阶。提升阅读的深度和广度,对教育教学进行深层次的思考。③主动参加各类专题讲座、课堂观摩和论文评比等教学研究活动,在活动中获取信息、增长见识、树立科学理念、掌握先进的教学方法。④执教区级公开课不少于1次。在教学中,运用新的理念,大胆实践,在各种活动中发挥自己的特长,不断提升自己的教育教学水平。勤于总结,坚持每周总结教学反思,努力使自己成为一名反思型教师。

(2)第二阶段(2023年5月—2024年4月)。

①邀请工作室主持人或专家名师对自己的课堂教学进行诊断指导,提高教学

能力和水平，形成自己独特的教学风格，努力晋升为高级教师。②通过读书笔记和教学反思等形式多总结，认真积累实践素材，积极撰写教育教学论文，力争获得市级奖项，公开发表论文1篇。③理论研究水平再上一个新台阶，利用名师工作室的资源提高自身教学水平，执教区级公开课不少于2节。④充分发挥示范引领作用，帮助青年教师成长。

(3)第三阶段(2024年5月—2025年4月)。

①对前两年的工作进行总结和反思，形成有价值的教育教学论文。②最大限度地激发自身优势，通过课堂研讨和送教下乡等形式，发挥示范引领和辐射带动作用。③利用各种机会展示所学，不断突破自我，为工作室争光，使自己的专业化发展再上一个台阶。④以此次作为名师工作室成员为起点，加倍努力，在以后的工作中再创佳绩。千里之行，始于足下。在名师工作室的春风中，在曹老师的引领下，依托团队，我愿做一匹笃行的马，不畏辛劳，不辞远途，策鞭疾驰，去追寻心中的那份教育理想。

4.三年读书计划

根据研修内容和自身不足，我将有计划地加强阅读，撰写读书笔记。具体书目如下。

(1)生物书籍：《普通高中生物学课程标准(2017年版2020年修订)》《中学生物教学》《生物学教学》《中学生物学》《中学生物教材研究与教学设计》《生物新课程的评价与资源》《生物学教育研究方法与案例》《中学生物学教学论(第2版)》《生物学核心概念的发展——高中生物新课程的科学史资源》《体验生物科学探究——基于案例的探究活动实验设计》。

(2)教育教学书籍：《新课程与教师角色转变》、《给教师的建议》(苏霍姆林斯基)、《教育心理学——课堂决策的整合之路》(费兹科、麦克卢尔)、《苏霍姆林斯基选集》(五卷本)、《用特色吸引学生——名师最受欢迎的特色教学艺术》(卞金祥)、"新课程教学问题与解决丛书"《新课程教学现场与教学细节》、"新课程教学问题与解决丛书"《新课程教学评价方法与设计》、"'新课改'教师必读"丛书《基于新课程的教育案例》。

不负韶华,砥砺前行

重庆市璧山区丁家初级中学校　李锦成

俗话说"三人行,必有我师焉",你想走得快,一个人走;你想走得远,一群人走。从2013年参加工作以来,我任教已有十多个年头。但受学科限制,乡镇初中里生物科学专业的教师屈指可数,因此在前几年的教学工作中总感觉自己是孤身一人在与教材较劲,在与学生斗志,在为教育理想而奋斗,总希望能有志同道合的同伴一起进步、共同成长。今天有幸加入曹廷荣名师工作室,就要充分利用好这个千载难逢的学习机会,吸收其余成员示范的"营养",依托名师和骨干教师的"孵化器",借助把握教育教学改革的"推进器",利用好阅读教育教学专著等书籍的"启智器",使名师工作室的每项学习活动都成为自己成长的"加速器",把每项工作任务都看成自己行动的"鞭策器"。"名师"工程给了我荣誉亦给了我责任和担当,由于自身专业知识和教学能力欠缺,我倍感压力。但压力也是动力之源,我将加入"名师"工程作为个人发展的新起点,经过锻炼,逐步提高,充实自己,超越自己,最大限度地实现自己的职业理想。为此,我特制定了如下的三年发展规划。

一、专业发展自我剖析

1. 个人基本情况

李锦成,女,汉族,本科学历,中学生物一级教师,教龄十年有余,现就职于重庆市璧山区丁家初级中学校,担任初中生物教学工作。曾多次被评为校级"优秀教师",并在2017—2018年度被评为璧山区骨干教师,在初中生物学科实践作品展中指导的学生多次获市级一等奖,在中小学实验教学说课活动中获市级二等奖,在2021年初中生物优质课竞赛中获区级一等奖,在2021年度论文竞赛中获区级一等奖,多次承担区级展示课并获得好评,等等。

2. 个人分析

光阴似箭,我担任初中生物教学工作已超过十年,在这期间也曾困惑、迷茫、无奈,但是抱着对教学工作的满腔热情,对教学方法孜孜不倦的学习态度,对教学内容求知若渴的探究精神,通过坚持不懈地对教学效果进行反思总结,我逐渐了解了初中学生的心理特点,熟悉了初中生物教材体系,掌握了一些激发学生学习生物的教学方法,从而积累了较为丰富的教学经验。如今,不管是新课还是复习课,我都可以找到适合自己的教学风格和适合本校大多数学生学情的教学方法,故这些课堂深受学生的喜爱。

金无足赤,人无完人。尺亦有所短,寸亦有所长。在教学工作中我也有许多不足之处。

(1)疲于应对高强度的教学日常,如备课、批改作业等,忽视了自身的充电学习,例如教学专著、教育期刊等读得少,导致在教学中对教学内容的扩展、延伸以及跨学科融合教学等相关知识不能讲深讲透,教育教学理论知识水平亟待提高。

(2)教育教学方法还有欠缺。缺少班主任工作经历和执教多个班级,导致对部分学生的心理特征不能准确地摸透,尤其对于基础知识薄弱、学习能力差、学习习惯不好的学生,缺少科学合理的教育教学方法。

(3)习惯埋头做,鲜少抬头看。教学过程中缺乏对教学案例的反思,惰于动笔。教育教学理论知识的欠缺让自己不能系统地总结出教学工作的优点,更羞于展示交流。

二、专业发展总体规划

"问渠那得清如许?为有源头活水来。"通过三年的研修,养成终身学习的习惯,从而加快自身专业成长的步伐,丰富自身的教育教学理论知识,更新教育教学理念,形成并完善自己的教学风格,最终提高教育教学水平,由教学型教师逐渐向教学研究型教师转变,争取成为一名合格的区级名师。并以点带面,发挥名师的辐射引领作用,带动本校年轻教师一起成长。

完成工作室各项任务的同时,不断地磨炼自己,努力提升自己的专业技术水平,丰富教育教学理论知识,勤反思勤动笔,争取由经验型教师转变成研究型教师。三年内参研并完成1个市级课题;每年至少读2本教育专著,并撰写读书笔记;每年完成1篇教育教学论文并尝试公开发表;积极承担区级公开课和参加各类教学竞赛活动。

(1)第一阶段(2022年3月—2023年3月)。

①有压力才有动力,用任务驱动行动。积极主动地参与工作室各项活动,善于向名师学习,与其他成员"勤交流,乐合作",在相互的听评课过程中,取长补短,共同成长。②端正教学研究态度。紧扣课程标准,认真钻研教材,深挖教学内容;细读2本教育教学专著,并完成2篇读书笔记,提高阅读的广度和深度;勇于将所学内

容应用到教学实践中去,形成自己独特的教学风格,完成高质量的教学设计2篇;提高自己的教学实践水平,让自己平凡的学科教学也能达到学科育人的高度。③争取锻炼机会,以赛促教。积极参加各类专题讲座、课堂观摩、论文评比、市级实践活动作品展、生长课堂2.0赛课等各级各类的实践研究活动,在活动中获取新知、增长见识,借鉴前沿的教育理念,掌握先进的教学方法,承担区级公开课不少于1次,积极总结经验,并撰写高质量的教学论文1篇,不断完善自己。④让反思成为一种习惯。指导本校青年教师1名,每周互相听评1节课,并交流指导意见,指导青年教师上校级公开课至少2次。结合自身教学实践中的困惑和优秀案例,坚持每周撰写1篇教学反思,努力使自己成为反思型教师。积极参加名师工作室的活动,利用网络平台进行交流、研讨,博众取长。

(2)第二阶段(2023年4月—2024年3月)。

①继续潜心学习,坚持阅读专业相关书籍,例如教育教学专著、教育教学杂志期刊等,并完成2篇读书笔记,不断提升自身的专业水平和教学水平,遵循学习和应用相结合的原则,争取每期在学员校级间上1节公开课。合理规划,养成良好的学习习惯,成为具有终身学习和创新能力的学科特色教师。②遵循反思和提升相结合的原则,通过读书笔记、教学反思等形式,积累实践素材,完成教育案例至少2篇,撰写教育教学论文1篇,并尝试公开发表,积极参编教育专著。③发挥名师示范引领作用,帮助本校年轻教师快速成长,指导青年教师承担区级公开课至少1次,并争取获奖。

(3)第三阶段(2024年4月—2025年3月)。

①对加入工作室两年的工作情况进行反思和总结,结合自身的教学实践积极撰写高质量的教育教学论文1篇,争取公开发表。②遵循知行统一的规律,将在工作室中所见所学所思的新思想、新理念、新方法运用到自己的课堂中,深挖教材,上好每一堂课,承担区级公开课至少1次。③积极发挥自身优势,利用学校备课组长的身份,带动身边的年轻教师一起成长。利用校本教研以及工作室学员校级间公开课等形式,将工作室的先进成果运用到教育教学实践中,发挥名师的示范和辐射作用。

成为名师,让自己平凡的学科教学工作达到学科育人的高度,需要由量到质缓慢变化并前行,我相信在曹廷荣老师的引领下,搭载上名师工作室的航船,心有所期,全力以赴,定有所成。让我们不负韶华,砥砺前行吧!

目标促进成长、规划成就未来

第二章
主题框架下的实践教学

"都是石榴惹的祸"实践活动方案

重庆市璧山区丁家初级中学校　李锦成

一、实践活动简介

为了深入推进"双减",落实减负增效,创新作业设计形式,强化生物学科的实践性作业,结合校园植物四季更替的实际情况,以校内植物——石榴树为探究对象,从"识""探""品""悟"四个方面着手,设计引导学生学习认识一种植物的方式方法,从而有助于学生更好地掌握"植物的生活"这一主题中的内容。

二、实践活动目的

(1)通过上网查询资料,培养学生认识和描述一种植物的能力。

(2)通过探究体验、对比观察和分析,总结石榴的扦插、嫁接和种子等繁殖方式,让学生直观感受无性生殖的优点,关注植物生命活动的原理及其在生产生活中的实际应用。

(3)通过对比品尝石榴花和石榴外种皮,感受来自大自然美食馈赠的同时,感悟先苦后甜的人生哲理,进而进一步认识到人与自然应该和谐共处的重要性,并肩负起相应的社会责任。

三、实践活动时间

2023年4月—11月。

四、实践活动地点

重庆市璧山区丁家初级中学校后花园、生物办公室、生物实验室。

五、实践活动参与人

初二学生中的生物学兴趣爱好者。

六、实践活动过程设计

(1)从茎、叶、花、果实、种子等五种器官着手认识石榴这一植物。

(2)探究石榴扦插、嫁接和种子三种繁殖方式的优缺点,从而感知果树无性生殖的优点，关注植物生命活动的原理以及在生产生活中的实际应用。

（3）品尝石榴花的苦涩之味和石榴外种皮的清甜之道，享受来自大自然美食馈赠的同时，感悟先苦后甜的人生哲理，增强人与自然应该和谐共处的社会责任感。

（4）以手抄报的形式总结本次实践活动中的收获和感悟。

七、实践活动反思

本次实践活动的设计以"认识—探究—品尝—感悟"为主线，通过观察石榴树的茎、叶、花、果实、种子等器官，引导学生更好地掌握"植物的生活"这一主题中的部分内容。例如，描述花的主要结构和功能，认识花和果实发育上的联系，亲身体验石榴的无性生殖（扦插和嫁接）和有性生殖的区别，关注植物生命活动的原理以及在生产生活实际中的应用。

由于是第一次带学生进行实践探索，教师缺乏相应的实操经验，实践活动被安排在2023年5月份天气比较热的环境条件下进行，因此第一次尝试石榴枝条的嫁接和网购石榴种子的繁殖都失败了。"失败是成功之母"，教师及时引导学生结合所学的生物学知识分析失败的原因，总结出植物的生长繁殖受环境因素的影响。2023年10月用当季新鲜石榴种子重新进行了播种，这次种子顺利地萌发了。教师再次引导学生分析原因，师生总结出种子的萌发以及植物的生长繁殖不仅受环境因素的影响还受自身因素的影响（胚必须是活的）。

本次活动所用到的器具和材料都是在校园内容易获取的资源，就地取材易于观察和操作。本次实践探究活动有效培养和发展了学生的学科核心素养，然而，本次探究过程整体上有广度无深度，对嫁接失败的原因也没有进一步深入探究，到底是枝条太细，还是操作不当，又或是天气因素的影响，有待后续更深入的探究。

"葡萄变身酒"实践活动方案

重庆市璧山中学校　　彭静

一、实践活动简介

在落实"双减"政策的同时，为让学生度过一个有意义的暑假，让学生明白生物学与社会的联系,培养学生动手实践的能力,结合璧山区夏季高产的本土水果——葡萄,利用生物学课堂中学习的发酵原理,组织开展"葡萄变身酒"的实践活动,旨在增强学生对家乡的热爱之情。

二、实践活动目的

(1)通过参与葡萄酒的制作,帮助学生认识生物学与社会生活的联系,并在实践过程中解决真实情境里的真实问题。

(2)通过网络或其他途径查询、收集葡萄酒的制作方法,培养学生获取信息的能力;通过全程参与操作,培养学生实践动手能力。

(3)选择璧山区的本土水果进行制作,在让学生为自己的劳动成果感到自豪的同时培养学生热爱家乡的情怀。

三、实践活动时间和地点

学生利用暑假时间在家中完成。

四、实践活动过程

(1)组建2—3人的小团队,拟定活动计划,分配任务。

①查询制作方法,一般包括采摘—分拣—清洗—破碎—发酵(前3天可打开透气、压帽)—过滤(第12天,测甜度、酒精度)—二次发酵(第40天,过滤后测甜度、酒精度)。

②拟定可探究的问题,如:做葡萄酒时是否需要添加白酒作为原材料?发酵的原理是什么?(为什么要密封?)封装发酵时,为什么玻璃缸要留 $\frac{1}{3}$ 左右的空间?比较分析同一品种葡萄酒在第12天和第40天的甜度、酒精度,思考其具有差异的原因;比较不同品种葡萄酒分别在第12天和第40天的甜度、酒精度,思考其具有差异的原因。

(2)准备两个不同品种的葡萄各10斤、玻璃缸、酒精度测量计和甜度测量计等。

(3)记录葡萄酒制作过程,和家人一起品尝劳动成果。

(4)实践结果:视频记录采摘、制作等重要过程,探究不同品种葡萄酒的酒精度和甜度差别,最后编辑成5 min以内的视频(有片头和片尾),内容可以包括璧山区葡萄介绍、葡萄酒制作过程、思考问题的解答等。

五、实践活动记录

实践记录详见图 2-1。

```
实践活动题目：_____
           参与人员：_____
制定方案  查阅资料，制定小组详细的制作方案。
请注意：在制作或选择装置时，应考虑装置要实现哪些功能及如何实现。
材料的选择为   [                              ]

装置的设计为   [                              ]

制作流程的安排为 [                              ]

实施方案  实施制定的项目方案，观察和品尝初步制作的产品，找出外观和味道上
的不足之处，小组讨论出进一步优化的方案。
产品的不足为   [                              ]

优化的策略为   [                              ]

展示交流  小组间相互展示实践成果，从多个方面进行相互评价。
你的小组完成的发酵食品利用的微生物主要是_____。
```

图 2-1　实践记录

感受生命脉动，发现生活之美
——"探索身边的植物"科技活动方案

重庆市璧山中学校　　唐瑶

一、具体目标

（1）培养青少年的科学态度——引导初中学生对身边自然科学现象的关心、关

注和探索。

(2)培养青少年的生命科学知识、技能——通过对周围大量生命个体的观察与比较,感知生命的种类、类型和多样性;通过对周围生态现象的观察与探究,认识生命体的行为,感知生命体与环境的关系。

(3)培养青少年的科学方法、能力——通过大量的观察,培养形象思维能力,对客观事物有比较全面的认识;通过植物标本的制作,培养动手能力,增强对植物的了解;通过设计名牌培养学生的创造力、审美能力;通过探究活动,培养收集、处理信息的能力和与他人进行信息交流的能力。

(4)培养青少年的科学行为习惯——培养遵守社会公德和法规,爱护环境,保护生态等品质,并付诸行动。

二、活动对象、人数及需求分析

参加对象:科技活动小组成员及初一、初二年级的学生。

参加人数:每个班5—6人。

需求分析:初中生已经对植物的分类、植物的六大器官有了一定的了解,他们对制作植物标本有着浓厚的兴趣,对身边的植物有一定的探索欲。了解植物、认识植物可以提高他们对生活的热爱,增强他们对大自然的保护意识,对他们的语文写作也有一定的帮助。但仅凭借课本上的知识,无法满足初中生在理性和感性上对植物认识的需求。

三、活动方案

(一)活动内容

活动一:常见植物识别能力等级测试

活动要求:

(1)从当地分布的植物中选择60种常见的用来进行认识植物的强化训练。

(2)等级测试:识别常见植物能力初级考核,完成连线题、识别题(见图2-2)。识别题要求能写出常见植物的中文名30个以上(包括30个)。(注:试卷允许用拼音字母,允许出现个别错别字)

植物识别技能自我测定

目的:能说得出植物的分类标准;能写得出30种常见植物的正确名称及科名。

一、连线题(限时3 min):

小叶榕		桑科
广玉兰	苔藓植物	大戟科
蒲葵		银杏科
鳞毛蕨		泥炭藓科
罗汉松	蕨类植物	罗汉松科
天竺桂		木兰科
泥炭藓		樟科
重阳木	裸子植物	棕榈科
银杏		鳞毛蕨科
香樟	被子植物	

二、识别题(每项限时20 s):按投影幻灯片中的图片编号填写中文名。

编号	中文名	编号	中文名	编号	中文名

图2-2　植物识别技能自我测定

活动二:野外植物识别活动

活动要求:

(1)在植物识别能力等级测试后进行。

(2)提倡到野外去认识植物,这不仅能促进学生更了解自然界中的植物,还能唤起他们对自然环境的关注。

(3)对野外所识别的植物做好记录(见图2-3)并拍照留影,最后做成PPT展示。

> **野外植物识别活动**
>
> 寻找一块植物丰富的绿地(这块绿地必须在你学习或生活地方的附近,你到绿地去开展自己的研究不应该是件麻烦事)。
>
> 1.这个地方在哪里(校园、公园、小区、其他)?
>
> 2.这个地方有多大?你走一圈要花多少时间?
>
> 3.这个地方的绿化情况如何?有没有高大的乔木?成片的还是孤立的?有没有低矮的灌木?成片的还是孤立的?有没有地被植物?成片的还是孤立的?
>
> 4.这个地方被子植物主要物种有哪些?裸子植物主要物种有哪些?苔藓和蕨类植物主要物种有哪些?请写出它们的名称及科名。
>
> | 植物名称 | 科名 | 植物名称 | 科名 |
> |---|---|---|---|
> | | | | |
> | | | | |
> | | | | |
> | | | | |
> | | | | |
>
> 5.试试画出这块绿地的平面图,并标注植物的主要分布。

图2-3 野外植物识别活动

活动三:植物标本制作活动

活动要求:

(1)与识别野外植物同时进行。

(2)在所认识的植物中选取5种制作腊叶标本(又称压制标本,干制植物标本的一种。采集带有花、果实的植物体的一段或带叶枝、花、果实的整株植物体,在标本夹中压平、干燥后,装贴在台纸上,即成腊叶标本,供植物分类学研究使用)。

活动四:植物名牌设计活动

活动要求:

(1)设计植物名牌(标注植物的名称、学名和特征等),包括名牌的材料、形状、大小、颜色、字体等(见图2-4)。

(2)从野外植物识别活动中,选取5种植物,自己查找学名、特征等,根据已经设计好的方案,制作植物名牌。

(3)与相关部门(学校、小区物业、园林局等)协商,是否可将设计的名牌挂在相应的植物上,方便人们认识和了解植物。

> 梧桐
> 学名:*Firmiana simplex* (L.) W. Might
> 科名:梧桐科
> 特征:树干挺直;树皮绿色或灰绿色,平滑,常不裂;叶大,阔卵形。

图2-4　名牌设计示例

(二)活动重难点

(1)活动重点:①引导中学生对身边自然科学现象的关心、关注和探索。②通过对周围大量植物的观察与比较,感知生命的种类、类型和生物多样性;通过对周围生态现象的观察与探究,认识绿色植物的种类,感知绿色植物与环境的关系。

(2)活动难点:①活动前期教授学生认识和分辨常见的植物的方法,可通过开设选修课、科技活动课以及专题讲座等方式进行。②活动二需要学生在学校以外的地方观察认识植物,注意保障学生的安全。

(三)活动的过程和步骤

1.准备宣传阶段

本阶段的主要任务是选拔队员组建科技实践小组,为此次活动内容和形式设计、人员分工等做好前期准备。学生活动包括召开动员大会、制作展板、张贴海报以及通过全校广播进行宣传等。此阶段要形成活动细则和活动资料集,做到相关班级尽人皆知。

2.资料收集阶段

主要任务为收集、辨析、整理各种资料。学生活动包括文献检索、借阅植物分类学相关书籍、合作学习、参加相关选修课程,以及聘请植物分类学专家开展专题讲座,请求他们在专业知识、图片、影像资料等方面给予大力支持。

教师在此阶段要运用知识和经验为学生营造参与的环境和平台,为学生提供信息搜索的平台和方法,事先可组织生动有趣的活动以吸引学生和传播有关知识和技能。此阶段过后学生应能初步了解植物分类的相关知识。

3. 实践运用阶段

在本阶段,要求初一、初二年级班主任,根据本班学生的学习和实际情况,以联合的形式组建5—6人的科技兴趣小组。小组成立以后由辅导教师具体负责,在规定时间范围内,分别完成活动一、二、三。

活动一:对每个科技兴趣小组的成员进行统一测试。

活动二:教师和学生一起讨论研究的具体方向和具体安排,包括活动前的准备工作,引导学生自主完成,并全身心投入到本次活动中来。

活动三:制作野外植物PPT、植物腊叶标本等。

4. 成果展示阶段

本阶段的主要任务是让学生利用PPT展示并讲解野外识别的植物、腊叶标本以及植物名牌,公布植物识别技能测试结果。教师在此阶段及时引导、适时点拨、渗透德育。

通过成果展示,学生们的表达能力和宣传组织能力得到了锻炼,对生态环境和生物多样性有了比较全面的认识,培养了一定的审美能力。在成果展示中,同学之间的互动能起到促进大家相互学习、相互启迪的作用。

(四)可能出现的问题及解决预案

可能出现的问题及解决预案见表2-1。

表2-1 活动中可能出现的问题及解决预案

可能出现的问题	解决预案
对植物的认识不够充分	教师讲解相关的知识和识别方法,引导学生在活动前做好充分准备,随时做好记录
对活动的兴趣不够浓厚,不能长久坚持	组织多种多样、内容有趣的科技活动,激发学生的好奇心和对科学研究的兴趣;以优秀科学家为榜样,培养学生的社会责任感,使其兴趣转变为对一件有意义的事情的追求

(五)活动的结果

活动的结果即召开一次全校范围内的评比展示活动,对学生的成果进行表彰。

(六)评价标准

评价分为过程性评价和展示性评价,注重评价的过程性、全面性、动态性和创新性。过程性评价:通过调查记录、学习资料和笔记等,对学生参加本次活动的持久度和努力程度做出评价。展示性评价：可分别通过对"常见植物识别能力等级测试"的成绩进行评价，对"野外植物识别活动"的PPT展示进行评价，对"植物标本制作活动"的腊叶标本进行评价，对"植物名牌设计活动"的植物名牌进行评价，按照一定比例综合以上四个评价，并形成一个最终结果。

（七）活动对学生的教育作用

(1)引导学生对身边自然科学现象的关心、关注和探索。

(2)通过对周围大量植物的观察与比较，感知生命的种类、类型和生物多样性；通过对周围生态现象的观察与探究，认识绿色植物的种类，感知绿色植物与环境的关系。

(3)通过观察大量的植物，对生态环境和生物多样性有比较全面的认识；通过制作植物标本培养学生的动手能力，加深其对植物的了解；通过设计植物名牌培养学生的创新能力、陶冶其审美能力；通过寻找公园中的植物，培养学生收集和处理信息的能力以及与他人交流的能力。

(4)培养遵守社会公德和法规、爱护环境、保护生态等品质，并付诸行动。

四、实施活动方案的有利条件

1.曾经开展过类似的教育活动

学校开设了蔬菜、果木以及盆栽种植等多种选修课。通过选修课的学习和实践，学生将所学到的知识运用于劳动之中，既加深了对植物的认识，使他们对植物根茎叶的生长有了一定的了解，也促进了他们对植物的热爱，激发了他们认识、了解更多植物的求知欲。

2.个人相关知识和经验的积累

大学期间通过植物学理论学习以及植物学野外实习，我习得了相关的植物学专业知识。工作后，我开设了"经济果木的种植"选修课，对植物有了更深的接触和认识。在负责完成校园植物的挂牌任务后，我对校园内的植物以及整个璧山区的园林植物都有了比较充分的了解。相信这些积累的经验可以为该科技活动带来一定的帮助。

3.可以得到的各种资源

(1)璧山区比邻大学城，可以方便而轻松地到大学的图书馆查阅植物分类学相关的资料。

(2)可请大学相关专家到学校举办植物分类、鉴别以及植物标本制作的相关讲座。

(3)璧山区环境优良,公园众多(秀湖公园、湿地公园、电视塔公园等),为学生实地考察认识植物提供了基础条件。

(4)璧山中学初中部对校园里的几十种植物进行了挂牌,有利于学生认识、了解和掌握常见植物的区别和分类。

真菌

重庆市璧山区丁家初级中学校　　李锦成

一、课程标准

大概念:生物可以分为不同的类群,保护生物的多样性具有重要意义。

重要概念:微生物一般指个体微小、结构简单的生物,主要包括病毒、细菌和真菌。

次位概念:①真菌是单细胞或多细胞生物,有成形的细胞核;②有些微生物会使人患病,有些微生物在食品生产、医药、工业等方面得到广泛应用。

二、教学目标

(1)通过使用不同工具观察真菌菌落、酵母菌的细胞结构以及青霉菌菌丝等实验操作,能表述真菌细胞的基本结构。

(2)通过对比观察动物细胞、植物细胞、酵母菌细胞和霉菌细胞的异同点,认同真菌是真核生物;通过展示生活中的不同真菌,认同真菌分为单细胞和多细胞两类。

(3)通过酿造葡萄酒,辩证地看待真菌的利弊,形成正确的价值观。

三、重点难点

(1)教学重点:观察真菌菌落和酵母菌、青霉菌的细胞结构,表述真菌细胞的基本结构。

(2)教学难点:对比观察动物细胞、植物细胞、酵母菌细胞和霉菌细胞的异同点,认同真菌是真核生物。

四、教学设想

(1)通过使用不同工具观察真菌菌落、酵母菌的细胞结构以及青霉菌菌丝等实验操作,对比分析真菌和植物的异同点,认同真菌是真核生物且其营养方式为异养,从而培养学生的科学思维和实验探究能力。

(2)通过课前准备生活中常见的真菌和对真菌进行分类,培养学生搜集和整理资料的能力以及语言表达能力;在辨识毒蘑菇的过程中,形成健康意识。

(3)通过酿造葡萄酒,辩证地看待真菌的利弊,培养学生的探究实践能力,形成正确的科学态度。

五、教学过程设计

环节一:创设真实情境,激趣引入新课

【教师活动】展示两种不同处理方式的葡萄——自然发酵的葡萄和长有真菌菌落的葡萄。提问:同样是葡萄,为什么会产生不同的味道?你知道是由哪种生物引起的吗?

【学生活动】学生代表上台闻一闻和说一说味道,其余学生倾听和思考正确答案。

【设计意图】学生带着问题进入课堂更能激发学习兴趣,也更能体现知识来源于生活,又服务于生活。

环节二:观察真菌,认识结构

1.观察酵母菌,认识细胞结构

【教师活动】为什么自然发酵的葡萄液有酒味呢?教师指导学生分小组从自然发酵的葡萄液中取出1滴液体制成临时装片,再用显微镜观察酵母菌的细胞结构,并绘制简图,标注结构名称。小组活动过程中教师要加强巡视指导。

【学生活动】学生分小组根据教材提示制作酵母菌临时装片,并用显微镜进行观察,同时在导学案上绘制酵母菌细胞结构简图并标注名称。小组交流讨论后派代表上台展示成果,其余小组成员补充指正。师生共同完善酵母菌细胞结构的绘制和标注,归纳总结出酵母菌的细胞结构包括细胞壁、细胞膜、细胞质、细胞核以及液泡。教师补充酵母菌在环境较好的条件下会进行出芽生殖。

【设计意图】引导学生依次从细胞—菌丝—菌体三个结构层次认识真菌,符合学生由简单到复杂的认知规律,更有利于为学生搭建"脚手架"、构建与真菌相关的知识架构。不同的真菌为什么会使葡萄产生不同味道?用问题驱动学习任务,更能激发学生自主学习。

2.观察青霉菌,识菌丝

【教师活动】为什么发霉的葡萄有臭味呢?组织学生分小组用放大镜和显微镜观察发霉葡萄上的青霉菌菌丝和孢子,注意其形态与颜色,并思考它们分别属于青霉菌的什么结构。

【学生活动】学生根据课本中青霉菌相关的图文介绍,对青霉菌进行观察,尝试回答老师提出的问题。认同青霉菌由菌丝组成,分为直立菌丝和营养菌丝,通过孢子繁殖后代。

【教师活动】教师提供道具,如散粉刷、粉笔灰等,请自告奋勇的学生来模拟青霉菌的孢子繁殖方式。

3.对比分析,进行分类概括

【教师活动】展示酵母菌、青霉菌、植物、动物的细胞结构图,引导学生对比分析它们的异同点。展示装有酵母和水的密闭玻璃瓶,打开不能闻到酒味,并且可以看到成团的死亡酵母,由此推测酵母菌因为没有叶绿体,所以营养方式为异养。正因为如此,在无氧环境中,酵母菌对葡萄中的葡萄糖进行不彻底分解,产生了酒精。

【学生活动】对比、分析、归纳出真菌细胞和动植物细胞的相同点是都有成形的细胞核,因此得出真菌是真核生物;且真菌与动物细胞一样没有叶绿体,营养方式为异养。

4.认识多种多样的真菌并分类

【教师活动】邀请学生展示自己带来的常见真菌,再用图片展示生活中不常见的真菌,例如冬虫夏草、毒蘑菇(贯穿食品安全教育)等。追问:你能根据细胞数量对真菌进行分类吗?

【学生活动】展示交流自己所带的真菌,并尝试对真菌进行归类。

【教师活动】教师引导学生对照课本,用放大镜观察香菇的子实体,认识菌盖、菌褶和菌柄等结构。然后指定学生回答老师所指的蘑菇子实体的结构名称,回答正确者奖励"孢子印"画。

【学生活动】对照教材进行观察,识记蘑菇的结构名称,认同蘑菇也是由菌丝构成的,并通过孢子繁殖后代。

【设计意图】让学生自己带真菌,意在引导学生自主预习——生活中有哪些生物是真菌?通过资料收集,培养学生分析和归纳的能力。学生对照课本自学香菇的结构,体现学生是学习的主体,教师只是引路人。

环节三:作业布置

通过本节课的学习我们知道真菌对人类有利也有弊,我们应该辩证地看待真菌,做到趋利避害。接下来请同学们观看自酿葡萄酒视频,课后亲自动手尝试酿造葡萄酒,感受劳动的喜悦。

环节四:课堂小结

教师通过板书(图2-5)引导学生回顾本节课的所学所获。

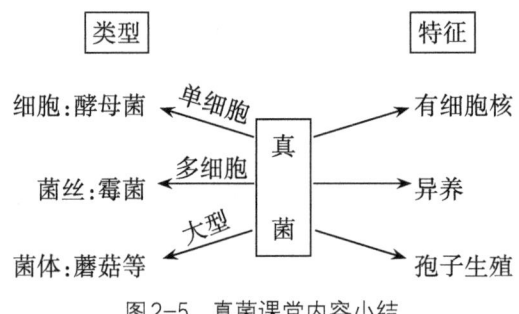

图2-5 真菌课堂内容小结

六、教学后记

本节课教学内容的设计充分体现了学生是学习的主体,酵母菌和霉菌相关知识点的教学都是用生活中能直接观察到的酿制葡萄酒和发霉葡萄等真实现象引入的,能充分激发学生的学习热情,调动其学习积极性。教学内容逻辑性很强,先引导学生认识单细胞真菌——酵母菌的细胞结构;再引导学生用显微镜观察发霉葡萄上霉菌的菌丝,认识多细胞的真菌;最后通过引导学生识别生活中常见的蘑菇,认识大型真菌的结构。从细胞到菌丝到菌体,由简单到复杂的结构层次的学习,符合学生的认知规律。然而,在实际教学中也存在不足之处,例如学生探讨问题的时间不充分;学生发言后缺少学生互评;部分教学环节预设时间不合理,导致课后小结时略显仓促。

节气里的生物密码
——霜降

重庆市璧山中学校　彭静

一、课程标准

大概念:植物有自己的生命周期,可以制造有机物,直接或间接地为其他生物提供食物,参与生物圈中的水循环,并维持碳氧平衡。

重要概念:绿色开花植物的生命周期包括种子萌发、生长、开花、结果与死亡等阶段。

次位概念:①种子萌发需要完整、有活力的胚,需要充足的空气、适宜的温度、适量的水等环境条件;②植物根部吸收生存所需的水和无机盐,这些物质通过导管向上运输,供植物利用。

二、教学目标

(1)通过制作彩色菊,理解植物茎中导管的运输作用。

(2)结合生活经验和理论分析,理解植物叶片颜色改变和萝卜变甜的原因,分析适合种子播种的条件。

(3)弘扬凝结中华优秀传统文化的二十四节气,增强民族自信心和自豪感;加强爱国主义教育,突出培育家国情怀;培养学生认识家乡、热爱家乡的情感。

三、重点难点

教学重点:①叶片变装的奥秘;②萝卜变甜的原因。

教学难点:叶片由绿变黄的原因。

四、教学设想

创设情境导入,分三候介绍习俗并完成任务。

(1)一候豺乃祭兽→习俗:赏菊→【任务一】制作彩色菊。

(2)二候草木黄落→习俗:赏叶→【任务二】解锁叶片变装的奥秘;分小组完成制作红叶、黄叶、绿叶的色素条带模型任务;解释霜降后萝卜变甜的原因。

（3）三候蛰虫咸俯→习俗：播种→【任务三】小组合作选种播种。

（4）小结霜降习俗，运用生物学知识解释生活中的现象。

五、教学过程设计

【新课导入】教师通过分享与自己奶奶讨论柿子成熟时间的小故事，引导学生猜测柿子口感较好时的节气是霜降。

【设计意图】通过生活小故事创设情境，引出主题——霜降。

【教师活动】概述由于太阳的周年运动，当它运动到黄经210°时，霜降便会到来。由于冷空气南下，黄河流域地表附近的温度降至零摄氏度以下，近地表物体表面有冰晶形成。然而我国幅员辽阔，存在着明显的地域差异。霜降时节的重庆是很难看到冰晶的，但我们可以看到另外一些美景，比如山王坪的彩色林。霜降之后便是立冬，同学们可一定要在立冬之前好好去欣赏一下霜降之美！你们愿意跟随老师一起去欣赏吗？

【过渡】老师将在今天的课堂上开出一列通往霜降的列车，带领大家开启一次神秘的霜降之旅！本次旅途一共三站，每一站都有任务等着大家去挑战，完成得好的小组可获得一枚勋章，获得勋章最多的小组，便可以召唤出一场美景盛宴！请同学们迅速领取好车票，集中注意力，系好安全带，准备出发吧！

【学生活动】学生代表到讲台领取材料。

【教师活动】介绍霜降之旅第一站"一候豺乃祭兽"。展示图片并介绍豺乃祭兽，储存食物是动物对低温环境的一种适应。

【过渡】诗人元稹描述到"野豺先祭月，仙菊遇重阳"，从而引出赏菊的习俗，进而布置【任务一】制作彩色菊。

【教师演示】去掉菊花部分叶片，将茎插入染色剂中，并用牛皮纸袋罩住花朵。要求学生分小组制作彩色菊，制作好以后用牛皮纸袋罩住，等待老师检查。

【学生活动】分小组在规定的时间内完成【任务一】。完成得最快最好的小组获得一枚勋章。

【教师活动】介绍霜降之旅第二站"二候草木黄落"。展示霜降时节北碚缙云山的黄叶、巫山的红叶图片。引导学生思考"绿叶为何会换了衣裳？"进而提出【任务二】解锁叶片变装的奥秘。播放叶绿体色素提取分离视频，帮助学生认识色素条带上的各种色素。引导学生思考：红叶、黄叶、绿叶中都含有这些色素，为何却表现出了不同的颜色呢？

【学生活动】根据导学案确定各小组任务，思考问题并完成模式图制作。要求先自学，再进行小组内交流，并选派2名代表展示任务完成情况。完成得最好的小组获得一枚勋章。

(1)绿叶组：①绿叶中有多种色素，为何却呈现出绿色？②制作绿叶的色素条带模式图。

(2)黄叶组：①与绿叶相比，黄叶中什么色素含量减少？②制作黄叶的色素条带模式图。

(3)红叶组：①与绿叶相比，红叶中什么色素含量增多？什么色素含量减少？②制作红叶的色素条带模式图。

【设计意图】学生先自学理解知识，再交流合作完成任务，培养学生的科学思维和合作、动手及表达能力。

【教师活动】根据小组展示情况，教师点评并追问：对比绿叶与黄叶，可以发现黄叶中什么色素含量减少？是什么因素导致叶绿素含量减少呢？为什么温度降低、光照减弱会导致叶绿素含量减少？与绿叶相比，红叶中什么色素含量在减少？什么色素含量在增多？教师引导学生总结：因为温度降低导致花青素含量增多，而花青素在酸性条件下呈现出红色，所以温度降低后叶片表现出红色。这便是叶片变红的奥秘。

【过渡】其实霜降时节叶片变黄、变红，都是植物对低温环境的一种适应。植物还有别的方式来适应寒冷环境吗？

【教师活动】播放模拟细胞液浓度实验的视频。通过模拟实验可以发现，天气寒冷时，植物可以通过提高细胞液浓度起到防止细胞结冰的作用，引导学生理解霜降之后萝卜变甜的原因。

【设计意图】尝试用生物学知识解释实际生活中的问题或现象，培养学生知识迁移和转化的能力。

【教师活动】介绍霜降之旅第三站"三候蛰虫咸俯"。展示小动物冬眠图片，解释蛰虫咸俯，提出农耕生活不能停止。谚语说"寒露麦子霜降豆"，霜降正是播种蚕豆的好时节，布置【任务三】从培养皿中挑选适合播种的种子，并说明理由。

【学生活动】挑选出合适的种子并给出理由。完成得最好的小组获得一枚勋章。

【教师活动】统计勋章获得情况，带领学生赏菊。让学生揭开【任务一】中的牛皮纸袋，欣赏自己制作的视觉盛宴——彩色菊。

【教师提问】染色剂是通过什么结构到达花瓣的？——导管。

【课堂小结】教师引导学生一起回顾、总结霜降三候和习俗。

六、教学后记

《节气里的生物密码》一书是重庆市教育科学研究院生物学教研员吕涛老师带领团队编写的二十四节气相关书籍。书中介绍了各节气时的不同习俗、相关诗词等，但生物学老师在授课时，应落脚在与生物学相关的探究中。所以探究叶片变装的奥秘是本课时的重点，需要学生利用生物学相关知识解释现象。

消化与吸收

重庆市璧山中学校　　唐瑶

一、课程标准

大概念：人体的结构与功能相适应，各系统协调统一，共同完成复杂的生命活动。

重要概念：人体通过消化系统从外界获取生命活动所需的营养物质。

次位概念：①消化系统由消化道和消化腺组成；②消化系统能够将食物消化，并通过吸收将营养物质转运到血液中。

二、教学目标

（1）学生能描述人体消化系统的组成，尝试探究馒头在口腔中的变化，概述淀粉在口腔中的消化过程。

（2）学生能运用实验法探究馒头在口腔中的变化，树立正确对待误差、敢于质疑的科学探究精神，形成健康的饮食习惯，培养热爱生命的价值观。

三、重点难点

教学重点：①人体消化系统的组成；②探究馒头在口腔中的变化。

教学难点：探究馒头在口腔中的变化。

四、教学设想

通过问题引导、实验设计、实验操作的实施具体预设:①创设情境,提出问题;②设计实验,理清思路;③实验操作,得出结论;④总结交流,提升能力。

五、教学过程设计

【新课导入】教师展示西瓜图片,提出"有没有吃西瓜时不小心把西瓜子吃进去的经历呢?"的问题,进而展示漫画《西瓜子的"旅行"》。

【学生活动】学生阅读《西瓜子的"旅行"》,思考西瓜子进入人体后经过了哪些器官。

【设计意图】通过《西瓜子的"旅行"》这个生动有趣的小故事,导入新课。

学习活动一:消化道的组成

学生阅读教材,思考西瓜子经过了哪些器官。

【教师活动】引导学生认识西瓜子经过的从口腔到肛门的通道,称作消化道。提出"西瓜子历险记中'酸雨'是哪儿来的?""你还能找出与它类似的结构吗?"等问题。

【小结】能够向消化道中分泌消化液的结构共同组成了消化腺。消化道和消化腺共同组成了消化系统。

【教师活动】展示"人体躯干模型",引导学生认识消化系统。

【学生活动】通过模型认识消化系统在人体内的大概位置,知道胃、肝脏、阑尾等器官在人体内的分布,并分组完成"消化系统拼图"游戏,巩固对消化系统的认识。

【设计意图】学生通过自学了解消化系统结构,认识常见的消化器官在人体内的大概位置。通过游戏检测学生对消化系统的掌握情况。

学习活动二:探究馒头在口腔中的变化

1.提出问题

学生仔细咀嚼、品尝馒头,并思考问题:①细细咀嚼,有什么感觉?②淀粉本身没有甜味,为什么在口腔中感觉慢慢变甜了呢?③口腔中有哪些结构使馒头发生了变化呢?

【学生活动】讨论后回答问题,并大胆设想馒头变甜的原因与牙齿的咀嚼有关、与舌的搅拌有关、与唾液的分泌有关。

2. 做出假设

鼓励学生做出合理假设。

【设计意图】让学生亲身感受馒头在口腔中的变化,根据自己的感受提出问题,并做出合理假设。

3. 制定计划

【教师提问】①对照实验中可以有几个变量?②如何模拟口腔中的探究条件?③怎样验证淀粉是否存在?

【学生活动】学生分析确定三个变量:牙齿的咀嚼、舌的搅拌、唾液的分泌。思考如何模拟口腔中的探究条件:①牙齿的咀嚼——小刀切碎馒头;②舌的搅拌——玻璃棒搅拌;③唾液的分泌——唾液类似物。

【教师提示】可以用碘液检验淀粉是否存在。教师巡视指导学生完成实验表格设计。学生展示实验设计,分析设计是否合理。

【教师提问】除了变量外,其他条件应该怎样控制?

【学生回答】其他条件保持不变,分析得出试管还应放在37 ℃条件下保温几分钟。

4. 实施计划

【教师提示】①使用恒温水浴锅模拟口腔温度;②使用量筒、玻璃棒时,要防止交叉污染;③科学分工,合作探究,注意安全。

【学生活动】学生根据实验设计分组完成实验。在恒温水浴锅保温期间,合理推测实验结果。

5. 得出结论和表达交流

各小组代表展示实验现象,根据实验现象得出实验结论:馒头变甜与唾液的分泌、牙齿的咀嚼、舌的搅拌都有关系。如有不同现象,分析其原因。

【教师提问】①实验难免存在误差,怎样减小误差?②如果所有人做出来的结果都跟假设不一样,怎么办?

【学生活动】学生理解重复实验的作用,总结馒头在唾液中的淀粉酶的作用下变成了有甜味的麦芽糖,因此馒头在口腔中发生了初步消化。

【设计意图】引导学生明白,在探究性实验中,可通过设置重复组减小实验误差,培养学生敢于质疑的科学探究精神。

【课堂小结】教师引导学生小结,淀粉在口腔中进行了初步消化,并提出疑问:淀粉还会在人体的什么部位继续消化呢？蛋白质和脂质又是如何在人体内消化的呢？我们下节课来学习。

【学生活动】学生结合本节课的学习说说自己的收获和感悟。

【课堂检测】

(1)消化系统是由_____和_____组成的。

(2)没放糖的馒头在口腔中越嚼越甜,与此现象无关的是(　　)

A.唾液　　　　B.牙齿和舌　　　　C.体温　　　　D.淀粉变成葡萄糖

(3)牙齿、舌和唾液的作用有什么区别和联系？

六、教学后记

本节课通过层层引导,带领学生通过实验探究馒头在口腔中消化的过程,实验设计合理,实施巧妙,使学生在实践中体验实验探究的过程,培养学生实践和探究的能力。

第三章
大概念下的情境教学

细胞的多样性和统一性

重庆市璧山中学校　　何伟

一、课程标准

大概念：细胞是生物体结构与生命活动的基本单位。

重要概念：各种细胞具有相似的基本结构，但在形态与功能上有所差异。

次位概念：①有些生物体只有一个细胞，而有些由很多细胞构成，这些细胞形态和功能多样，但都具有相似的基本结构；②原核细胞与真核细胞的最大区别是原核细胞没有核膜包被的细胞核。

二、教学目标

(1)比较真核细胞和原核细胞，说出二者的区别与联系。

(2)通过比较、归纳、抽象和概括，阐明细胞有统一的结构模式。

(3)探讨水华和赤潮发生的原因，提高环保意识。

三、重点难点

教学重点：①真核细胞与原核细胞的区别与联系；②原核细胞的种类与区别。

四、教学设想

通过对动物细胞、植物细胞、支原体、大肠杆菌和蓝细菌模式图的分析与比较，让学生掌握细胞具有多种形态，这与它们各自的功能相匹配，体会结构与功能相适应的观点；尽管细胞结构多样，但不同的细胞仍具有相似的结构。以上说明细胞既有多样性又有统一性。

五、教学过程设计

【情景创设】观察光学显微镜下的细胞照片，说出所对应的细胞名称及结构特点，回答学习任务一中的两个问题。

学习任务一

(1)说明动、植物细胞具有多样性，并分析原因，体会结构与功能相适应的观点。

(2)说明动、植物细胞具有统一性,并分析原因,认同动、植物细胞的多样性与统一性。

【设计意图】通过观察光学显微镜下不同的细胞照片,采用不完全归纳法归纳出动、植物细胞结构具有多样性与统一性,其结构多样与功能多样相适应。

【学生活动】展示电镜下的大肠杆菌、蓝细菌细胞模式图,与植物细胞模式图相比较,得出三者在细胞结构上的区别,完成学习任务二。

学习任务二

(1)观察植物细胞与大肠杆菌和蓝细菌细胞,找出大肠杆菌和蓝细菌细胞不具备的细胞基本结构。

(2)初步认识原核细胞和真核细胞。

【概念分析】根据有无以核膜为界限的细胞核,细胞可以分为原核细胞和真核细胞。大肠杆菌和蓝细菌细胞内没有以核膜为界限的细胞核,是原核细胞。动、植物细胞是真核细胞。

【问题探讨】如何理解"原核"和"真核"中的"原"字和"真"字?并据此推测原核生物和真核生物在进化上的联系。

【列表比较】列表比较大肠杆菌和蓝细菌在营养方式、细胞壁等方面的不同以及二者共有的结构(见表3-1)。

表3-1 大肠杆菌与蓝细菌的比较

生物种类	鞭毛	细胞壁	营养方式	举例	共有结构
大肠杆菌					
蓝细菌					

【问题探讨】蓝细菌的营养方式为什么给真核生物由原核生物进化而来提供了证据?

【设计意图】通过与植物细胞模式图相比较,得出大肠杆菌、蓝细菌细胞在结构上的区别,初步认识原核细胞和真核细胞。讲解原核生物和真核生物在进化上的联系。

【补充】结合教材内容,了解蓝细菌的种类,以及蓝细菌和生活的联系:发菜、水华和赤潮,并由此提出相应的解决方法。补充细菌的种类,了解细菌的命名原则。

【设计意图】让学生了解蓝细菌与水华、赤潮的联系,并引导学生提出相应的解决方案,增强学生的生态文明意识。

【补充】细菌的种类,体会原核细胞的多样性。给出支原体细胞模式图,与大肠杆菌、蓝细菌细胞模式图作对比,找到三者的异同,记录在表格中(见表3-2),从而说明原核细胞的多样性和统一性。

表3-2 支原体、大肠杆菌和蓝细菌的比较

生物种类	鞭毛	细胞壁	营养方式	举例	共有结构
支原体					
大肠杆菌					
蓝细菌					

【完善概念】列表比较真、原核细胞在以下几个方面的差异:细胞大小、细胞壁、细胞质、细胞核、共有结构以及生物类群。

【设计意图】通过比较分析支原体的结构,得出支原体(细胞)也属于原核细胞,通过表格的形式体会支原体、大肠杆菌、蓝细菌这三种原核细胞的多样性和统一性。

【小结】细胞具有多样性和统一性。

六、教学后记

本节课巧妙地运用比较和不完全归纳的方法,引导学生深入理解细胞的多样性与内在的统一性。通过细致的观察分析,学生能够明确真核细胞与原核细胞之间的根本差异,进而有效应用这些知识,最终确保教学目标得以实现。

细胞中的糖类和脂质

重庆市璧山来凤中学校　　叶红彬

一、课程标准

大概念:细胞是生物体结构与生命活动的基本单位。

重要概念:细胞由多种多样的分子组成,包括水、无机盐、糖类、脂质、蛋白质和核酸等,其中蛋白质和核酸是最重要的两类生物大分子。

次位概念:①糖类有多种类型,它们既是细胞的重要结构成分,又是生命活动的主要能源物质;②举例说明不同种类的脂质对维持细胞结构和功能有重要作用。

二、教学目标

(1)通过分析资料,说出脂质、糖类的种类。

(2)通过分析图表,讨论探究实验,概述糖类的功能,感悟糖类在生物体生命活动中的意义,初步形成生命的物质性观念。

(3)能够举例说出脂质的主要种类和作用、糖类和脂质的相互转化。

(4)关注糖类、脂肪等的过量摄入对健康的影响,在改进自己膳食习惯的同时,向他人宣传健康饮食的观念。

三、重点难点

教学重点:①糖类的种类和作用;②脂质的种类和作用。

教学难点:①多糖的分子结构与作用;②糖类与脂质的相互转化。

四、教学设想

通过创设与生活相关的真实情境,设置问题驱动任务;通过学生思考与讨论,进行能力提升的预设:①创设情境,提出问题;②立足概念,深化理解;③联系生活,发展思维;④思维碰撞,提升能力。

生物学研究前沿成果

五、教学过程设计

【新课导入】播放《舌尖上的中国》"重庆小面"(视频)并提出问题:重庆小面能为我们提供哪些营养物质?能包含生活所需的全部营养吗?健康的生活方式是什么?引出学习主题——与生活有关、与健康有关的知识:细胞中的糖类和脂质。

【设计意图】创设情境,提出问题,引起思考,激发兴趣,明确学习主题。

(一)细胞中的糖类

1.糖的初识

活动一:尝一尝,辩一辩

【展示】问题串:①糖都是甜的吗？②甜的物质都是糖吗？展示部分糖的化学式。

【讲述】观察部分糖的化学式,思考并回答:糖的化学元素组成有哪些？H原子与O原子数量关系是怎样的？糖和碳水化合物是一样的吗？

【展示】面条在人体内的消化过程(视频)。

【讲述】教师点评学生的总结并迁移出水解的概念,进一步提出糖的种类。

【设计意图】学生批判性思维的培养。从身边的情境入手,理解基本概念,培养学生的知识迁移能力,为后续学习做铺垫。

2.单糖、二糖和多糖

【展示】问题串:①什么是单糖？②常见的单糖有哪些？如何区分这些单糖？③常见的单糖分布在哪些生物体内？④各种单糖分别具有什么功能？⑤二糖的常见类型有哪些？⑥三种二糖水解后形成的两分子单糖有什么异同？⑦常见二糖的分布及功能有哪些？⑧三种多糖主要分布在哪些生物的哪些器官或组织中？⑨三种多糖彻底水解后的产物是什么？⑩为什么三种多糖都是由葡萄糖脱水缩合而成,但化学性质和功能差异很大？学生阅读教材,思考讨论上述问题,教师予以点评。

【设计意图】使学生养成良好的阅读习惯,锻炼学生获取信息的能力。

活动二:联系生活,辩一辩

重庆小面、红糖、冰糖、白糖、水果、重庆小吃麻糖、棉花糖、牛奶、土豆、猪肝、牛排等食物中主要含有哪种糖类？

活动三:联系生活,思考讨论

①观察两张有关静脉滴注葡萄糖和"靠奶茶续命"的网红图片(图略,教师课堂上PPT展示),思考哪张不科学,请说明原因。

②乳糖不耐受症的症状、病因,及其常见解决方法有哪些？

③既然人类很难消化纤维素,那么为什么科学家还将其称为人类的"第七类营养元素"呢？

【设计意图】联系生活,学会运用生物学知识辨别伪科学。将学科知识与生活实际相连,培养学生的科学思维,增强社会责任感。

活动四:归纳总结

(1)概念图归纳(见图3-1)。

将下列糖填入相应合集中:葡萄糖、果糖、核糖、脱氧核糖、半乳糖、蔗糖、麦芽糖、乳糖、淀粉、纤维素、糖原。

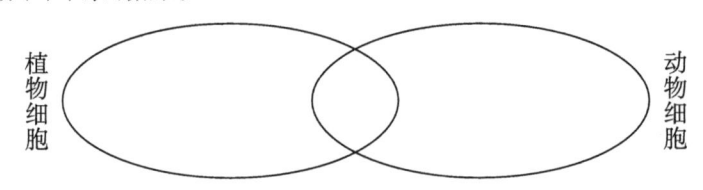

图3-1 动、植物细胞中的糖

(2)归纳总结糖的种类和功能,填写在表格中(见表3-3)。

表3-3 糖的种类和功能

种类			功能
单糖	五碳糖		
	六碳糖		
二糖			
多糖			

【设计意图】教会学生用概念模型和表格对知识进行整理,教师进行学法指导,落实学生科学思维的培养。

【过渡导入】同质量的一碗小面和一碗粥,哪个更扛饿?

观察小面配料表(猪油、菜籽油等),学生分享资料:课前查阅的有关蛋黄的成分。

(二)细胞中的脂质

【展示】生物兴趣小组的同学完成 1 g 冰糖和 1 g 猪油的燃烧实验,学生直观感受脂肪是良好的储能物质。(播放视频)

【设计意图】通过微视频激发学生兴趣,通过数据分析得出结论,培养学生的科学思维和科学探究能力。

【展示】表格资料显示"糖和脂肪各元素的比例"。

学生分析总结脂肪分子的组成特点(从 H 原子、O 原子角度分析),结合有氧呼吸知识,比较氧化分解时耗氧量和能量的多少。

【展示】饱和脂肪酸和不饱和脂肪酸的分子结构简式。

【讲述】根据分子结构简式总结植物脂肪和动物脂肪存在形式差异的原因。

活动五:知识梳理,归纳总结

阅读教材,概括出脂质的组成元素、种类及功能,填写表格(表3-4)。

表3-4 脂质的组成元素、种类及功能

种类		组成元素	特点	功能
脂肪		C、H、O	不溶于水 易溶于有机 溶剂:丙酮、 氯仿、乙醚等	
磷脂		C、H、O、N、P		
固醇	胆固醇	C、H、O		
	性激素			
	维生素D			

【设计意图】促进学生养成良好的阅读习惯,锻炼学生获取信息的能力。

活动六:联系生活,思考与讨论

根据脂质的功能,判断5位患者(身材肥胖、营养不良、血管堵塞引发的脑溢血、泰国人妖、佝偻病)分别是哪种脂质异常所引起的? 如何通过调整饮食结构进行改善?

活动七:联系生活

根据糖类和脂质的转化关系,为肥胖患者设计一份健康食谱并给出健康生活方式的建议。反思自己的生活方式,设计"健康宣言"。

【设计意图】崇尚健康生活方式,成为健康中国的促进者和实践者,落实社会责任。

【总结】学生构建思维导图,巩固知识。

六、教学后记

本节课整个教学过程指向核心概念的构建,同时呼应生物学科核心素养的培养。通过对课标要求的分解,将核心素养所涵盖的生命观念、科学思维、科学探究、社会责任四个方面渗透在教学设计中。广泛联系生活实际,充分调动学生的学习积极性,将知识形象化、生活化。在阶段总结中,引导学生用模型、表格归纳知识,注重学法指导。最终通过设计"健康宣言"最大限度地调动学生的学习热情,促使学生灵活运用知识、勇于创新。

细胞呼吸的原理和应用

重庆市璧山来凤中学校　　李金波

一、课程标准

大概念:细胞的生存需要能量和营养物质,细胞通过分裂实现增殖。

重要概念:细胞的功能绝大多数基于化学反应,这些反应发生在细胞特定区域。

次位概念:生物通过细胞呼吸将储存在有机分子中的能量转化为生命活动可以利用的能量。

二、教学目标

(1)通过探究酵母菌细胞呼吸的方式,说出细胞呼吸的类型。

(2)描述线粒体适于进行有氧呼吸的结构,说明有氧呼吸过程中物质与能量的变化。

(3)比较有氧呼吸与无氧呼吸的异同,阐明细胞呼吸的实质。

(4)探讨细胞呼吸原理在生产和生活中的应用。

三、重点难点

教学重点：①探究酵母菌细胞呼吸的方式；②探究有氧呼吸过程中物质与能量的变化。

教学难点：①探究酵母菌细胞呼吸的方式；②探究有氧呼吸过程中物质与能量的变化。

四、教学设想

通过提出问题、探究、讨论、拓展能力提升的实施具体预设：①情境导入，提出问题——细胞中的ATP是从哪里来的？②实验探究，分析讨论——酵母菌细胞呼吸方式；③问题驱动，比较综合——有氧呼吸和无氧呼吸；④联系社会，训练思维——细胞呼吸原理的运用。

五、教学过程设计

【情境导入】 利用做馒头这一学生熟悉的情境，展示发面过程中面团的变化图片。面团中会有很多的小孔，保鲜膜上有水珠，而且在发面时，早期并没有酒味，而后期会有酒味。提出问题：①做馒头时，发面主要与什么微生物有关？②面团中的小孔是怎么产生的呢？保鲜膜上为什么会有水珠？③为什么早期没有酒味而后期会有酒味呢？④酵母菌进行有氧呼吸和无氧呼吸产生的物质分别是什么呢？

教师：为了解决这些问题，今天我们就来学习细胞呼吸的相关知识。

【设计意图】 通过生活中的情境来引入新课，激发学生的学习兴趣，引发学生思考并进入细胞呼吸的学习。

【问题探讨　展开新课】

教师：细胞呼吸是指有机物在细胞内经过一系列的氧化分解，生成CO_2等物质，释放出能量并生成ATP的过程，也称呼吸作用。平时我们所说的呼吸与细胞呼吸是不是一回事？（帮助学生感悟呼吸，呼吸机体与环境之间O_2和CO_2交换的过程。）细胞呼吸是否都需要氧气？生物在有氧和无氧条件下是否都能进行细胞呼吸呢？接下来我们通过探究酵母菌细胞呼吸的方式来寻找答案。酵母菌，一种单细胞的真菌（真核生物），在有氧和无氧条件下都能生存，属于兼性厌氧菌。我们喝的啤酒、白酒、米酒，医院里的酒精，化妆品中的甘油，都是用酵母菌生产的。

教师：探究实验的一般步骤是怎样的呢？结合前面的学习，我们已经知道一般有以下步骤。

(1) 提出问题:酵母菌在什么条件下进行细胞呼吸产生酒精？不同条件下呼吸产生的CO_2一样多吗？

(2) 做出假设:有氧呼吸产生CO_2,无氧呼吸产生酒精和CO_2。

(3) 设计实验步骤:控制变量(自变量、因变量、无关变量),设置对照。

(4) 预测实验结果:CO_2可使澄清石灰水变浑浊,也可使溴麝香草酚蓝水溶液由蓝变绿再变黄。橙色的重铬酸钾溶液,在酸性条件下与酒精发生反应,变成灰绿色。

教师:实验设计时应考虑哪些问题？(提示:怎样控制有氧和无氧的条件？)怎样鉴定有无酒精产生？怎样鉴定有无CO_2产生？如何比较CO_2产生的多少？怎样保证酵母菌在整个实验过程中能正常生活？组装实验装置(见课本)。

教师:引导学生分析装置的作用。(NaOH溶液的作用为使进入A瓶中的空气先经NaOH处理,排除空气中CO_2对实验结果的干扰。B瓶应封口放置一段时间,再连通盛有澄清石灰水的锥形瓶,因为要让酵母菌将B瓶中的氧气消耗掉,确保产物CO_2均来自无氧呼吸。)怎样鉴定有无酒精产生？怎样鉴定有无CO_2产生？如何比较CO_2产生的多少？

学生讨论,师生总结归纳。CO_2检测:①通入澄清石灰水,澄清→浑浊。②溴麝香草酚蓝水溶液,蓝→绿→黄。CO_2多少:石灰水变浑浊的程度或产生浑浊的快慢或溴麝香草酚蓝水溶液由蓝→绿→黄所需的时间长短。酒精的检测:橙色的重铬酸钾溶液在酸性条件下与酒精发生反应,橙色→灰绿色。

(5) 得出实验结论:酵母菌在有氧和无氧条件下均能进行细胞呼吸,均能产生CO_2。酵母菌在有氧的条件下产生的CO_2多于在无氧的条件下产生的CO_2。

师生归纳总结:有氧呼吸反应式、无氧呼吸反应式,列表比较。

教师:本实验是对比实验。(对比实验指设置两个或两个以上的实验组,通过对结果的比较分析,来探究某种因素对实验对象的影响。在本实验中,设置了有氧和无氧两种条件来探究酵母菌在不同氧气条件下细胞呼吸的方式,这两个实验组的结果都是事先未知的,通过对比可以看出氧气条件对细胞呼吸的影响。对比实验也是科学探究中常用的方法之一。)

【设计意图】思考后进行讨论,分析变量,运用控制变量法完成探究酵母菌呼吸方式的实验设计方案,得出结论。回到课前的情境,使学生能利用所学知识解释生活中的实际问题,体会到生物学的奥秘。

【概念阐述】指导学生阅读教材,理解有氧呼吸的概念,掌握线粒体的结构。

(1)有氧呼吸的概念:细胞在氧的参与下,通过多种酶的催化作用,把葡萄糖等有机物彻底氧化分解,产生CO_2和水,释放能量,生成大量ATP的过程。

(2)反应的主要场所:线粒体(见教材结构图)。线粒体内膜的某些部位向线粒体的内腔折叠形成嵴,嵴使内膜的表面积大大增加。线粒体的内膜上和基质中含有许多种与有氧呼吸有关的酶。

【设计意图】阅读教材,理解有氧呼吸概念,认识线粒体内膜、外膜、基质等结构,体会结构与功能相适应。

【布置任务】

任务:展示资料,通过资料分析有氧呼吸的过程。

(1)有氧呼吸场所分析。

资料一:科学家提取了新鲜的动物肝脏组织,研磨离心后获得了细胞质基质(作为A组)和线粒体(作为B组)以及细胞匀浆(其中既有细胞质基质又有线粒体,作为C组)。分别向三组材料中加入等量的葡萄糖,检测葡萄糖含量的变化,根据实验结果进行思考。

教师:能够得出有氧呼吸的场所在哪里吗?

学生:葡萄糖可以在细胞质基质中分解,葡萄糖不能在线粒体中直接分解,线粒体促进了葡萄糖的分解。

(2)有氧呼吸第一阶段分析。

①阅读下列资料,回答细胞质基质为葡萄糖的分解提供了什么物质?

资料二:科学家发现酵母汁液(主要成分是细胞质基质)能够发酵(分解)葡萄糖,但将酵母汁液加热到50 ℃以上,便会失效。酵母汁液经过透析(除去小分子物质)以后,也失去了发酵能力。细胞质基质为葡萄糖的分解提供了酶和小分子物质。

②阅读下列资料,完善有氧呼吸第一阶段图解。

资料三:细胞质基质中的一种小分子物质——NAD^+(氧化型辅酶Ⅰ),实际上是电子和H^+的载体,能够与葡萄糖氧化过程中脱下来的H^+和电子结合,形成NADH(还原型辅酶Ⅰ)。NADH在后续的反应中还会解离出电子和H^+,使得电子和H^+能够继续用于后续的反应。而NAD^+则可以重新结合新的电子和H^+。由于NADH携带了电子和H^+,因此具有较强的还原性,通常可以把它简化为[H]。

(3)有氧呼吸第二阶段分析。

请学生结合下列资料,完善有氧呼吸第二阶段的简化图解。

资料四：丙酮酸在线粒体中氧化分解生成 CO_2 和 H_2O。20世纪30年代，克雷布斯等科学家发现，向鸽子胸肌悬浮液中加入少量草酰乙酸（$C_4H_4O_5$）或苹果酸（$C_4H_6O_5$），都能大大提高丙酮酸的氧化分解速率。

根据资料分析，草酰乙酸或苹果酸是否为丙酮酸分解的中间产物？为什么？

不是，因为如果草酰乙酸或苹果酸是丙酮酸分解的中间产物，那么外加的草酰乙酸或苹果酸就能够与丙酮酸分解产生的草酰乙酸或苹果酸竞争结合相应的酶，应该会降低丙酮酸的分解速率，而不是大大提高丙酮酸的氧化分解速率。

(4)有氧呼吸第三阶段分析。

①请学生结合资料五和资料六，分析 O_2 的消耗和ATP的生成是否为同一个化学反应。

资料五：有氧呼吸第三阶段的特点为[H]和 O_2 参与反应，产生大量ATP，场所为线粒体内膜。

资料六：线粒体内膜两侧有 H^+ 浓度差。有一种能破坏这种浓度差的药物，可以使线粒体产生大量热量，也消耗 O_2，但不生成ATP。

上述资料说明 O_2 的消耗和ATP的生成是两个过程，H^+ 浓度可能起到将两个过程连接起来的作用。

②请学生结合资料七，完善有氧呼吸第三阶段反应的简化图解。

资料七：有氧呼吸第三阶段的反应主要有两方面。一方面，前两个阶段产生的[H]在线粒体基质中分离出电子和 H^+，电子在线粒体内膜的蛋白复合体之间进行传递，传递过程中将 H^+ 从线粒体基质泵入膜间隙，使得膜间隙的 H^+ 浓度更高，电子失去能量后与 H^+ 和 O_2 结合生成 H_2O；另一方面，H^+ 顺着浓度梯度又从膜间隙流回到线粒体基质，同时推动ATP合成酶合成ATP。

通过分析以上资料，引导学生写出有氧呼吸总反应方程式，并标注反应物葡萄糖、氧气和水中的氧原子的去向。

学生分析、总结有氧呼吸的能量利用特点：1 mol 葡萄糖彻底氧化分解，共释放 2 870 kJ 能量，其中一部分以热能形式散失（1 892.72 kJ，约65.95%），另一部分转移到ATP中（977.28 kJ，约34.05%）储存，约形成32个ATP。

【核心归纳】

(1)图示展示有氧呼吸的过程，引导学生对有氧呼吸的三个阶段进行核心归纳。

(2)对总反应式进行剖析。

有氧呼吸反应式中的能量与ATP的关系：有氧呼吸各个阶段的反应式和总反应式中的能量都不能写成ATP，因为ATP并不是有氧呼吸的直接产物，只是糖类等有机物氧化分解时释放的部分能量可以用于合成ATP。

(3)易错提醒。

①葡萄糖是有氧呼吸最常利用的物质，但不是唯一的物质。②葡萄糖不能进入线粒体，在细胞质基质中分解为丙酮酸和[H]后，丙酮酸才能进入线粒体中进一步分解。③真核细胞中哺乳动物成熟的红细胞没有线粒体，只能进行无氧呼吸。线粒体不是进行有氧呼吸必需的结构，如蓝细菌(原核生物)无线粒体，但能进行有氧呼吸。④课堂小结。

【设计意图】使学生能通过分析资料掌握有氧呼吸的过程，根据分步反应式得出有氧呼吸的总反应式，并标注反应物葡萄糖、氧气和水中的氧原子的去向，分析、总结有氧呼吸的能量利用特点，对有氧呼吸的三个阶段进行核心归纳。

六、教学后记

以具体情境为依托，提供阅读分析素材，结合教材，通过学生自学、合作讨论等方式，共同归纳、概括得出结论。本节课重在提高学生的科学思维、科学探究的能力。

"遗传因子的发现"章末复习

重庆市璧山来凤中学校　　吴林居　孙冰

一、课程标准

大概念：遗传信息控制生物性状，并代代相传。

重要概念：有性生殖中基因的分离和重组导致双亲后代的基因组合有多种可能。

次位概念：①说明进行有性生殖的生物体，其遗传信息通过配子传递给子代。②阐明有性生殖中基因的分离和自由组合使得子代的基因型和表型有多种可能，并可由此预测子代的遗传性状。

二、教学目标

(1)学生通过对教材中经典实例的回顾加深对"假说-演绎法"的认识。
(2)学生能够熟练运用"假说-演绎法"来解答相关遗传题。
(3)学生能够体验"假说-演绎法"这种科学方法,培养学生形成敢于质疑、严谨的科学态度和精神。

三、重点难点

(1)感悟"假说-演绎法"的科学研究过程。
(2)体会演绎推理的思维过程。

四、教学设想

通过提问、展示、能力提升的实施具体预设:①温故知新;②创设情境,提出问题;③思维碰撞,提升能力。

五、教学过程设计

活动一:温故知新,回忆假说演绎过程

"遗传因子的发现"教学过程见表3-5。

表3-5 "遗传因子的发现"教学过程

过程	一对相对性状的杂交实验	两对相对性状的杂交实验	果蝇的眼色杂交实验
发现问题	F_1为什么全是高茎?F_2为什么表现特定的分离比3:1?	F_2为什么出现新的性状组合?4种表现的比例为何为9:3:3:1?	为什么白眼性状的表现总与性别相关?
提出假说	1.生物的性状是由_____决定的;2.在生物体细胞中,遗传因子是____存在的;3.F_1形成配子时,成对的遗传因子彼此分离;4.受精时,雌雄配子结合是____	F_1形成配子时,成对的遗传因子_____,不成对的遗传因子____,F_1产生___种比例相等的配子	控制眼色性状的基因位于X染色体上,Y染色体不含有它的等位基因
设计实验	测交	测交	测交(用___和___杂交)
预期结果	测交后代显性:隐性=1:1	测交后代出现___种表现型,比例为_____	后代的表现及比例为__

续表

过程	一对相对性状的杂交实验	两对相对性状的杂交实验	果蝇的眼色杂交实验
实验结果	测交后代显性:隐性=1:1	测交后代出现____种表现型,比例为_____	后代的表现及比例为_____
得出结论	实验结果和预期结果一致	实验结果和预期结果一致	实验结果和预期结果一致

学生互评,教师归纳总结(见图3-2)。

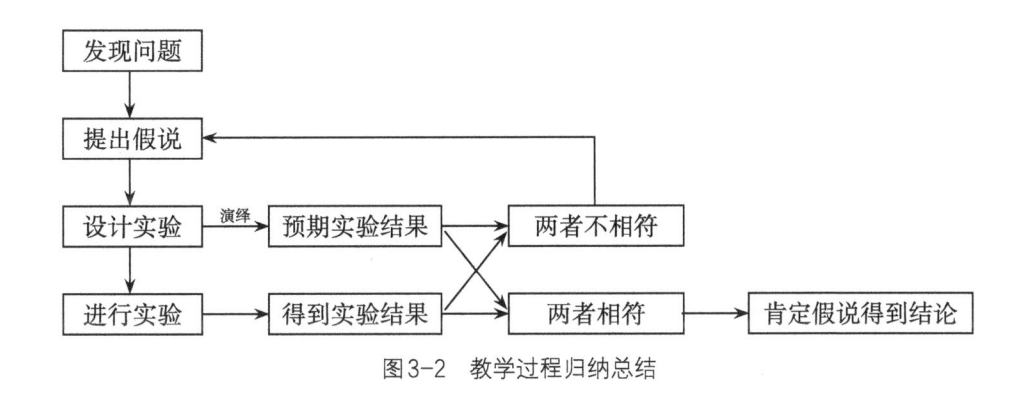

图3-2 教学过程归纳总结

注意:①假说是设计实验的原理;②预期实验结果是根据假说进行演绎推理得到的;③实验结果不是直接证明假说本身,而是证明依据假说演绎的预期实验结果是否正确。

【例题1】孟德尔探索遗传规律时,运用了"假说-演绎法"。下列叙述错误的是(A)

A."一对相对性状的遗传实验中F_2出现3:1的性状分离比"属于假说内容。

B."F_1(Dd)能产生数量相等的2种配子(D:d=1:1)"属于演绎推理内容。

C."决定相对性状的遗传因子在体细胞中成对存在"属于假说内容。

D."测交实验"的目的在于对假说及演绎推理的结论进行验证。

活动二:学生展示作业,学生互评,教师归纳点评

1.(2013新课标卷)已知果蝇长翅和小翅、红眼和棕眼各为一对相对性状,分别受一对等位基因控制,且两对等位基因位于不同的染色体上。为了确定这两对相对性状的显隐性关系,以及控制它们的等位基因是位于常染色体

上,还是位于X染色体上(表现为伴性遗传),某同学让一只雌性长翅红眼果蝇与一雄性长翅棕眼果蝇杂交,发现子一代中表现型及其分离比为长翅红眼:长翅棕眼:小翅红眼:小翅棕眼=3:3:1:1。

回答下列问题:

(1)在确定性状显隐性关系及相应基因位于何种染色体上时,该同学先分别分析翅长和眼色这两对性状的杂交结果,再综合得出结论。这种做法所依据的遗传学定律是_____。

(2)通过上述分析,可对两对相对性状的显隐性关系及其等位基因是位于常染色体上,还是位于X染色体上做出多种合理的假设,其中的两种假设分别是:翅长基因位于常染色体上,眼色基因位于X染色体上,棕眼对红眼为显性;翅长基因和眼色基因都位于常染色体上,棕眼对红眼为显性。那么,除了这两种假设外,这样的假设还有___种。

(3)如果"翅长基因位于常染色体上,眼色基因位于X染色体上,棕眼对红眼为显性"的假设成立,则理论上,子一代长翅红眼果蝇中雌性个体所占比例为_____,子一代小翅红眼果蝇中雄性个体所占比例为_____。

2.某雌雄同株植物花的颜色由两对基因(A和a,B和b)控制,A基因控制色素合成(A:出现色素,AA和Aa的效应相同),B为修饰基因,淡化颜色的深度(B:修饰效应出现,BB和Bb的效应不同)。其基因型与表现型的对应关系如下表所示,请分析回答。

基因型	A___Bb	A___bb	A___BB或aa___
表现型	粉色	红色	白色

(1)纯合白色植株和纯合红色植株作亲本杂交,子一代全部是粉色植株。请写出可能出现这种杂交结果的亲本基因型组合:_____。

(2)为了探究两对基因(A和a,B和b)是在同一对同源染色体上,还是在两对同源染色体上(位于同一条染色体上的基因减数分裂时随染色体进入同一个配子),某研究小组选用了基因型为AaBb的粉色植株自交进行探究。探究过程如下。

①做出假设:假设这两对基因在染色体上的位置存在三种类型,请你在答题卡的方框中分别画出(用竖线表示染色体,黑点表示基因在染色体上的

位点,并在位点旁标注基因)。

　　第一种类型　　　第二种类型　　　第三种类型

②实验步骤:

第一步:粉色植株自交。

第二步:_____。

③实验可能的结果及相应的结论(不考虑交叉互换):

　　a.若子代植株花色表现型及比例为_____,则两对基因的位置符合上图第____种类型;

　　b.若子代植株花色表现型及比例为_____,则两对基因的位置符合上图第____种类型;

　　c.若子代植株花色表现型及比例为_____,则两对基因的位置符合上图第____种类型。

活动三:归纳延伸

"假说-演绎法" { 概念 / 一般步骤 / 应用 / 其他实例

六、教学后记

(1)充分发挥学生的主观能动性来回顾知识,激发学生学习兴趣。

(2)在利用问题串引导教学的过程中,时刻关注学生的反应,提高学生的展示能力和互评效果,以便及时调整教学策略,确保教学效果。

(3)允许多种形式的交流展示,数据、表格或概念模型并用,充分激发学生学习兴趣,拓展教学思路。

一对相对性状的遗传学实验

重庆市璧山中学校　吴酉

一、课程标准

大概念：遗传信息控制生物性状，并代代相传。

重要概念：有性生殖中基因的分离和重组导致双亲后代的基因组合有多种可能。

次位概念：①说明进行有性生殖的生物体，其遗传信息通过配子传递给子代。②阐明有性生殖中基因的分离和自由组合使得子代的基因型和表型有多种可能，并可由此预测子代的遗传性状。

二、教学目标

（1）通过对体检表的分析，理解遗传学基本概念的同时，学生能用遗传学科学地解释体检表中的内涵。

（2）教师提供阅读材料和教材相关内容，学生通过分析、归纳与概括等方法，采用独立思考、小组讨论等方式，了解实验研究背景，并认识到实验中材料选择的重要性及实验操作过程中必备的科学性和严谨性，锻炼科学思维和科学探究的能力。

三、重点难点

教学重点：①解释遗传学中的基本概念；②一对相对性状的遗传学实验的目的和材料；③人工异花传粉的过程。

教学难点：豌豆作为遗传学材料的优点。

四、教学设想

通过提问、展示、拓展、提升能力的实施具体预设：①创设情境，提出问题；②概念学习，拓宽视野；③了解实验目的，激发兴趣；④思维碰撞，提升能力。

生物科学史的补充

五、教学过程设计

【新课导入】PPT展示：以父子之间的关系图导入。

【提出问题】哪些生理过程对维持亲代和子代间遗传性状的稳定有重要作用？

【讲述】亲代个体减数分裂形成精子和卵细胞，再经过受精形成受精卵，受精卵分裂、分化形成子代，因此减数分裂、受精作用和有丝分裂对维持亲代和子代间遗传性状的稳定有重要的作用。

【PPT展示】父子间关系和相关生理过程。

【提出问题】从分子水平分析，动植物细胞中的遗传物质是什么呢？

【讲述】细胞中的基因是遗传物质DNA上特定的片段，是控制生物性状最小的结构和功能单位。主要揭示基因在减数分裂和受精作用中的传递规律的科学称为经典遗传学。

【设计意图】创设情境，提出问题，建立学科联系，引起思考，激发兴趣。

（一）经典遗传学简介

(1)遗传学三大定律简介。

(2)遗传学中的专业名词（基本概念）。

【PPT展示】体检表。①性状。②表现型。③相对性状。

【PPT展示】以判断的形式检测对相对性状的理解。①杂交。②亲本。③父本和母本。

【设计意图】从身边的情境入手，理解基本概念，为后续学习做铺垫。

（二）遗传因子的发现

孟德尔的豌豆杂交实验（一）

【释疑】孟德尔为什么会开展豌豆杂交实验呢？

【PPT展示】研究背景——问题探讨，提出融合遗传的观点。

【设计意图】了解实验背景，明确实验目的，激起科学探究的兴趣。

学生活动一：讨论以下问题

①按照上述观点，当红花豌豆和白花豌豆杂交后，子代的豌豆花会是什么颜色？②你同意上述观点吗，你的证据有哪些？

学生作答、评价交流，教师评价、引导。

学生活动二：快速浏览教材，主要关注以下问题

①孟德尔在八年时间里用了哪些植物作为实验材料？②豌豆自花传粉的时间和意义是什么？③豌豆自花传粉的实验价值是什么？

【设计意图】养成良好的阅读习惯,锻炼获取信息的能力。

1. 豌豆作为实验材料的优点

【PPT展示】豌豆图片与简介。豌豆,豆科,属一年生攀援草本植物。株高0.5—2.0 m,叶状心形,小叶卵圆形。花萼钟状,裂片披针形;花冠颜色多样,多为白色和紫色;荚果肿胀,长椭圆形,顶端斜急尖;种子圆形,有皱纹或无皱纹,青绿色,干后呈黄色或绿色。花期6—7月,果期7—9月,《本草纲目》言"其苗柔弱宛宛,故得豌名",由此得豌豆名。

【提出问题】①一株豌豆结的种子数量多吗?请回忆这些种子有哪些形态和颜色。②请你列举一些豌豆的相对性状。③结合材料,尝试从遗传学实验角度分析豌豆作为实验材料的优点。

【PPT展示】豌豆简介。提醒学生注意阅读技巧——心态平、抓重点、记关键。

【设计意图】理解豌豆作为实验材料的优点,在提高科学思维的同时,提升结构和功能观。以表格的形式展示豌豆的特点和作为实验材料的优点(见表3-6)。

表3-6 豌豆的特点和作为实验材料的优点(一)

豌豆的特点	实验中的优势
后代多	统计数据更可靠
相对性状明显	易于观察和区分
生长周期短	耗时短

【PPT展示】豌豆花的结构和特性:①豌豆花为两性花,即一朵花上既有雌蕊又有雄蕊;②豌豆花在开花前完成传粉和受精——自花传粉(自交)、闭花授粉(见表3-7)。

表3-7 豌豆的特点和作为实验材料的优点(二)

豌豆的特点	实验中的优势
自花传粉、闭花授粉	自然状态下为纯种——少见、难得

学生活动三:自主探究

结合豌豆的结构特点,探究如果要让豌豆进行特定两朵花间的异花传粉,实验操作的关键环节是什么。关键是避免自交和其他花粉的干扰。

2.人工异花传粉图解

【PPT展示】两性花异花传粉过程图解。明确两次套袋的时间和目的。

【PPT展示】玉米的图片和简介。玉米(Zea mays L.)是禾本科的一年生草本植物,又名苞谷、苞米棒子。原产于美洲,它是世界上重要的粮食作物。顶生雄性圆锥花序大型;雄性小穗孪生,长达1 cm,小穗柄一长一短,长度分别为1—2 mm及2—4 mm,被细柔毛;花药橙黄色。雌花序被多数宽大的鞘状苞片所包藏;雌小穗孪生,呈16—30纵行排列于粗壮的序轴上,两颖等长,宽大,无脉,具纤毛。

学生活动四:讨论完成以下问题

①玉米作为实验材料有何优点？②自然生长的玉米是纯种吗？③不同的玉米植株人工异花传粉该如何操作？

【设计意图】提升阅读能力,通过比较、分析、概括等方式提高科学思维,并突出本堂课的重要概念。

六、教学后记

以具体情境为依托,提供阅读分析素材。结合教材,通过学生自学、合作讨论等方式,共同归纳、概括得出结论。本节课重在提高学生的科学思维及科学探究的能力,但对课本中的内容涉及较少。

DNA的结构

重庆市璧山来凤中学校　　马雪梅

一、课程标准

大概念:遗传信息控制生物性状,并代代相传。

重要概念:亲代传递给子代的遗传信息主要编码在DNA分子上。

次位概念:DNA分子是由4种脱氧核苷酸构成的长链,一般由两条反向平行的长链上的碱基互补配对形成双螺旋结构,碱基的排列顺序编码了遗传信息。

二、教学目标

(1)通过DNA结构模型的建构,概述DNA双螺旋结构的特点,领悟DNA结构和功能相适应的生命观念。

(2)通过对科学史的学习和分析,构建DNA双螺旋结构模型。

(3)通过分析DNA双螺旋结构模型,概述DNA结构的主要特点。

三、重点难点

教学重点:DNA分子结构及主要特点。

教学难点:DNA分子结构。

四、教学设想

通过情境引入、模型建构、讨论、拓展能力提升的实施具体预设:①以科学家的故事引入,总结科学方法;②以DNA结构模型为依托,培养学生的空间想象能力;③根据碱基互补配对原则,推算DNA的碱基比例,学会用数学描述生命活动规律;④拓展知识,加深理解。

五、教学过程设计

【新课导入】 通过多媒体课件回顾根据"肺炎链球菌的转化实验"和"噬菌体侵染细菌的实验"证明DNA是遗传物质的过程。

【设计意图】 串联知识,构建知识体系,引出科学问题"DNA的空间结构是什么?"。

【提问】 DNA是如何起到遗传作用的?

【过渡】 在确定DNA是遗传物质之后,人们迫切地想知道DNA是怎样储存遗传信息的,又是怎样决定生物性状的。由于结构决定功能,所以,要回答这些问题,我们首先需要弄清楚DNA的结构。那么下面我们就进入到DNA结构的学习。

【设计意图】 为模型的构建打好知识基础,为3′,5′-磷酸二酯键的学习打好基础。

【展示资料】 多媒体展示DNA的组成元素、DNA的基本构成单位、4种脱氧核苷酸,学生识别脱氧核糖上的各碳原子编号。

【设计意图】 创设情境,引导学生自主探索脱氧核苷酸的连接方式,为学生自主探索DNA双链是反向的和多样的打下基础。

【过渡】DNA分子结构的探索过程实际上是非常漫长且困难的,那么同学们,今天我们来看看如果根据当时的研究成果,我们能否构建出DNA的结构呢?下面我们就乘坐时光机来到1951年的秋天,我们会看到……

1. 构建脱氧核苷酸长链

【讲述】科学史:沃森来到卡文迪什实验室,和克里克合作共同解密DNA的结构。

【展示资料】资料1:当时,科学界已经认识到DNA是以4种脱氧核苷酸为单位连接而成的长链,这4种脱氧核苷酸分别含有A、T、G、C 4种碱基。

【讲述】一个脱氧核苷酸五碳糖上连接3号碳的羟基和另一个脱氧核苷酸的磷酸基团通过缩合反应脱去一分子的水,形成磷酸二酯键,从而使得脱氧核苷酸连接形成长链。

学生活动一:构建脱氧核苷酸长链,小组间交流评价

【讲解】对学生的结果进行纠正,并指出脱氧核苷酸链具有方向性,即:连接有游离的磷酸基团的一端为5'端,另一端为3'端。

学生体会连接方式,并进行两个基本单位的正确连接,指出磷酸二酯键的位置,明确脱氧核苷酸链的方向性。

2. 构建DNA平面结构

【展示资料】资料2:1951年,英国生物物理学家威尔金斯(M. Wilkins,1916—2004)和他的同事富兰克林(R. E. Franklin,1920—1958)应用X射线衍射技术获得了高质量的DNA衍射图谱。

【讲解】X射线在研究分子结构中的作用,并帮助推算出DNA呈螺旋结构。

【设计意图】通过资料展示当时DNA研究中的重重困难,让学生学习科学家探索创新的科学精神、严谨求实的科学态度、学科融合的科学思维、团队协作的合作精神。

【展示资料】沃森和克里克构建了三螺旋和双螺旋的DNA结构模型,但是三螺旋结构模型的实际含水量与DNA理论含水量不符,因此该模型被否定了。

生物学家沃森与物理学家克里克合力推出了两股螺旋的DNA结构,他们把磷酸排在内侧,含氮碱基排在外侧。当他们邀请威尔金斯和富兰克林前来观看时,被两人评价为"一无是处"。

【提问】为什么沃森和克里克推出的DNA结构是"一无是处"的呢？

【讲解】磷酸是亲水的，碱基是疏水的，并结合细胞膜磷脂的排布方式让学生得出"碱基在内侧，磷酸在外侧"的结论。

【展示资料】资料3：富兰克林发现提高空气的湿度，可以让DNA的衍射图谱从A型转变为B型，显然DNA易吸收水分。所以其认为脱氧核苷酸的亲水磷酸基团应该位于DNA的外侧，其余部分位于内侧。

学生活动二：同学们根据资料，构建DNA的平面结构

根据学生得到的两种DNA平面结构，提问学生两种类型是否都正确，引出"富兰克林将DNA分子旋转180°后，DNA衍射图谱和之前的一样"，从而得出DNA的两条脱氧核苷酸链是反向的。

让学生观察脱氧核苷酸链，根据DNA有4种碱基，思考碱基之间应该如何配对？

【讲解】沃森和克里克尝试了碱基位于螺旋内部、磷酸位于外部的双螺旋结构，但是他们让A与A、T与T、C与C、G与G配对。这个结构又被否定了，为什么？

【展示】从碱基中嘌呤和嘧啶的化学结构式，得出嘌呤要比嘧啶更长的结论，并引导学生思考如果将相同的碱基进行配对会对DNA结构造成什么影响——结构不稳定。

【设计意图】展示DNA双螺旋结构，帮助学生从DNA平面结构成功过渡到DNA三维立体结构。

【过渡】那么碱基之间是如何配对的呢？这时候查哥夫给沃森和克里克带来了一条重要的信息。

3.构建DNA三维立体结构

【资料展示】资料4：1952年，奥地利查哥夫（E. Chargaff，1905—2002）提供了一个关于DNA中碱基数量的关键信息，即DNA中A的量总是等于T的量，G的量总是等于C的量。

结合碱基的化学结构式和资料4的信息，引导学生思考碱基的配对方式应该是怎样的。

【讲解】碱基A与T配对、G与C配对，这种配对方式称为碱基互补配对原则。

请学生上台完善模型。

展示DNA分子的平面结构，说明A与T配对、G与C配对，因此DNA分子直径恒

定,所以两条脱氧核苷酸链反向平行。

【提问】碱基之间是如何连接的?

指出A与T之间形成两个氢键,C与G之间形成三个氢键,从而进一步完善DNA模型。

【提问】根据学生得到的模型是否为DNA的最终结构,引出DNA的双螺旋结构,多媒体展示DNA双螺旋结构,并展示沃森和克里克所建构的DNA双螺旋结构。

【设计意图】以具体情境为依托,提供阅读分析素材,结合教材,通过学生自学、合作讨论等方式,共同归纳、概括得出结论。

【展示资料】资料5:沃森和克里克发表的论文以及沃森、克里克和威尔金斯获得1962年诺贝尔生理学或医学奖的现场照片。

【讲解】富兰克林因病于1958年去世从而无缘诺贝尔奖,这让学生明白富兰克林虽然没有获得诺贝尔奖,但是其在DNA结构的建构中所做出的贡献值得我们铭记。

【播放视频】DNA背后的英雄富兰克林。

【提问】了解了DNA双螺旋结构的研究过程,我们能从中得到什么启示呢?

回答:①学科之间是交叉互补的,不是相互独立的;②我们要善于合作、勇于交流,要博采众长;③科学发现是一个知识积累的过程。

4.DNA的结构特点

多媒体展示DNA的结构。

引导学生归纳DNA的结构特点:分别从基本单位、链、结构等三方面总结DNA的结构。

学生总结出DNA分子结构特点:DNA是由2条反向平行的脱氧核苷酸链构成的双螺旋结构;磷酸和脱氧核糖交替排列在外侧,构成基本骨架;碱基排列在内侧,形成碱基对;碱基之间通过氢键连接,A与T、G与C配对,这种配对方式称为碱基互补配对原则。

【总结】课堂小结,构建思维导图。回顾整节课,以高中生物课程标准的要求为准,总结本节课中涉及的大概念、重要概念、次位概念,构建并形成相关思维导图。

【设计意图】本节所学内容并非独立存在的知识点,包括在大概念涵盖下的次位概念,因此可以概念图的形式构建知识体系,突出重点,让学生全面理解重要的生物学大概念。

六、教学后记

本节课以DNA双螺旋结构的模型建构为主线,深入发掘和精心选择了相关的科学史料,对教材进行了适度的补充,设计了层层递进的问题串引导学生积极参与模型建构活动。这不仅加深了学生对教材知识的理解,还发展了学生的生物学科核心素养。同时,教学过程注意引导学生学习科学家的思维方法、科学精神和优良品质。本次教学通过将抽象知识系统化,大大提高了教学效果。知识点之间通过问题链相互连接、环环相扣,使学生在学习建构新知的同时,培养其收集和处理科学资讯的能力。当然,科学家严谨的科学态度和执着的钻研精神,对学生今后的学业生涯,也必然产生积极而深远的影响。但在课堂教学实践中,教师要注意明确学生活动的具体要求,同时,由于课堂时间有限,教师还需要合理分配各个环节的教学时间。

基因突变和基因重组

重庆市璧山来凤中学校　　张兵

一、课程标准

大概念:用结构和功能观,说出基因突变和基因重组的物质基础;运用进化与适应观,理解基因突变和基因重组与生物进化的关系。

重要概念:采用概括与归纳,理解基因突变和基因重组的概念。

次位概念:①概述碱基的替换、增添或缺失会引发基因中碱基序列的改变;②阐明基因中碱基序列的改变有可能导致它所编码的蛋白质及相应细胞功能发生变化,甚至带来致命的后果;③描述细胞在某些化学物质、射线以及病毒作用下,基因突变的概率可能提高,而某些基因突变能导致细胞分裂失控,甚至发生癌变;④阐明进行有性生殖的生物在减数分裂过程中,染色体所发生的自由组合和交叉互换,会导致控制不同性状的基因重组,从而使子代出现变异。

二、教学目标

（1）用结构和功能观，说出基因突变和基因重组的物质基础；运用进化与适应观，理解基因突变和基因重组与生物进化的关系。

（2）采用概括与归纳，理解基因突变和基因重组的概念。

（3）基于证据，论证基因突变和基因重组是可遗传的变异。

（4）认同健康的生活方式，远离致癌因子。

三、重点难点

教学重点：①基因突变的概念；②基因突变的原因和意义。

教学难点：基因突变的意义。

四、教学设想

通过提问、展示、拓展、能力提升的实施具体预设：①通过实例，提出问题；②概念学习，拓展视野；③构建知识网络，提升能力；④联系生活实际，提升责任意识。

五、教学过程设计

【PPT展示】一对名人父子的照片。

【设置问题】性状由亲代传递到子代时，或多或少都会存在差异，这是为什么？这些差异是如何产生的？

【PPT展示】一个普通的玉米种子在萌发长成植株的过程中，水、肥、光特别充足，所结种子大而饱满，但这样的种子种下去，结出的却是普通种子；太空椒（由普通青椒种子遨游太空后培育而成）与普通青椒对比，果实明显增大，种植下去后，结出的仍然是肥大果实。

【得出结论】生物可以发生变异，具有可遗传变异和不可遗传变异两种类型，并解释原因。可遗传变异是生物变异的主要类型，包括基因突变、基因重组和染色体变异，本节课主要讨论可遗传变异中的前两种类型。

【设计意图】创设实例，引出可遗传变异类型，激发学生探究欲望。

【过渡】基因突变是如何产生的，又是如何影响生物体的性状的？

(一)基因突变

1.基因突变的概念

【PPT展示】教材中正常红细胞和镰状红细胞的电镜照片,血红蛋白分子的部分氨基酸序列及对应mRNA的碱基序列图示,镰状细胞贫血病因的图解。

【问题】推测患者的症状,探讨分析此病是怎样形成的。根据转录中碱基互补配对原则,查阅密码子表,得出基因突变的根本原因是什么。尝试总结基因突变概念。

【教师总结】基因突变的根本原因是DNA分子碱基对发生了变化。基因碱基顺序代表了遗传信息,顺序变了,遗传信息也变了,通过转录、翻译形成的蛋白质也就发生了改变,性状自然会发生改变。可见,基因结构改变会使生物发生变异。加深对基因对性状的控制是通过蛋白质合成来实现的这一基本的生物学原理的理解。

【拓展】一个碱基发生变化,生物的性状一定发生变化吗?讨论材料:若"THE CAT SAT ON THE MAT"分别被错抄写为"THE KAT SAT ON THE MAT""THE HAT SAT ON THE MAT""THE CAT ON THE MAT"。比较句子当中个别字母发生改变后,对全句所表达意思的影响。

【教师总结】基因突变一定引起基因结构的改变,但蛋白质结构和生物性状却不一定改变。

2.基因突变的结果

【问题】细胞发生了基因突变,突变的基因能否遗传给后代?

【教师总结】基因突变若发生在配子中,将遵循遗传规律传递给后代。若发生在体细胞中,一般不能遗传。但有些植物的体细胞发生了基因突变,可能通过无性生殖遗传。

3.基因突变的原因

【PPT展示】展示结肠癌发生的简化模型图。列举生活中事例,如吸烟容易得肺癌,经常摄入亚硝酸盐含量多的食物容易致癌等。

【问题】思考结肠癌发生的原因,指导学生阅读教材相关内容,总结基因突变的原因。

【教师总结】基因突变的原因:外因和内因。

4.基因突变的特点

【问题思考】补充相关材料,结合教材相关内容,小组讨论总结基因突变的特点,教师观察并作相应指导。

【教师总结】基因突变的特点:普遍性、随机性、不定向性、低频性等。

(二)基因重组

1.基因重组原理

【问题】回顾、讨论孟德尔自由组合定律和减数分裂,引导学生绘制四分体时期同源染色体的非姐妹染色单体互换和减数分裂Ⅰ后期同源染色体分离、非同源染色体自由组合的图解。充分理解基因重组的概念和类型。

【教师总结】要明确基因重组只是实现了基因间的重新组合,产生的是新的基因型。

【实例分析】从基因重组的角度解释人群中个体性状的多种多样。教师要强调的是,这些基因重组的变异必须通过有性生殖过程实现。

2.基因突变和基因重组的意义

【问题】基因突变可以产生新基因吗?新基因控制产生的新性状对生物的生存有什么影响?自然环境会选择哪些个体活下来?

学生尝试从以下几方面比较基因突变和基因重组(见表3-8):变异本质、发生时期、适用范围、结果、意义等。

表3-8 基因突变与基因重组的比较

比较项目	基因突变	基因重组
变异本质	基因碱基序列发生改变	原有基因的重新组合
发生时期	一般发生于细胞分裂间期	减数分裂Ⅰ四分体时期和减数分裂Ⅰ后期
适用范围	所有生物	进行有性生殖的真核生物
结果	产生新基因,控制新性状	产生新基因型
意义	是生物变异的根本来源,提供生物进化的原材料	生物变异的来源之一,有利于生物进化

六、教学后记

(1)列举生活中的实例进行教学,激发学生学习兴趣。

(2)在利用问题串引导教学的过程中,要时刻关注学生的反应,以便及时调整教学策略,确保教学效果。

(3)允许多种形式的交流展示,视频、数据、表格或概念模型可并用,充分激发学生学习兴趣,拓展教学思路。

(4)描述细胞在某些化学物质、射线以及病毒作用下,基因突变的概率可能提高,而某些基因突变可能导致细胞分裂失控,甚至发生癌变。

(5)阐明进行有性生殖的生物在减数分裂过程中,染色体所发生的自由组合和交叉互换,会导致控制不同性状的基因重组,从而使子代出现变异。

种群基因组成的变化

重庆市璧山中学校　　罗秀琴

一、课程标准

大概念:运用进化和适应观,说明生物和环境是一个有机整体,协同进化。

重要概念:种群是生物进化的基本单位,种群中的可遗传变异可能赋予个体在特定环境中生存的优势,在特定的环境中种群的基因频率总是定向改变。

次位概念:①举例说明种群、种群基因库、基因频率等概念,认同种群是生物繁殖和进化的基本单位;②运用数学方法讨论种群基因频率的变化,阐明自然选择对种群基因频率变化的影响,认识生物进化的实质。

二、教学目标

(1)阐明种群是生物繁殖和进化的基本单位。

(2)运用数学方法计算种群的基因频率和基因型频率,构建数学模型。

(3)阐明突变和基因重组是生物进化的原材料以及生物进化的实质。

(4)创设数字化情境,让学生通过模型构建、评价和分析,培养严谨的科学态度,提高科学探究和思维能力。

三、重点难点

教学重点：①阐明种群是生物进化的基本单位,突变和基因重组为生物进化提供原材料；②运用数学思维、逻辑推理构建数学模型,阐明自然选择在生物进化中的作用并理解生物进化的实质。

教学难点：创设数字化情境,让学生构建数学模型。

四、教学设想

通过问题、探究、建模、分析实施具体预设：①创设情境,提出问题；②概念学习,理清内涵；③运用数学方法讨论生物现象,激发兴趣；④模型构建,科学思维培养。

五、教学过程设计

【讲述】同学们好！大家认识进化史上的桦尺蛾吗？我们一起来通过视频了解一下吧！

【播放视频】央视纪录片《超级巴斯德》第3集：达尔文前来拜访。

【讲述】科学家通过杂交实验发现,桦尺蛾的体色受一对等位基因控制,黑色对浅色为显性,请大家结合视频信息,思考下面3个问题。

【问题探讨】①请用自然选择学说解释工业发展后黑色桦尺蛾变得很常见的原因。②自然选择的过程中直接受选择的是基因型还是表型？③如果前一年浅色的桦尺蛾全部被天敌捕获,只剩下黑色的桦尺蛾来繁衍后代,第二年还会有浅色的桦尺蛾吗？为什么？

【设计意图】创设情境,提出问题,激发学生的探索热情,为后续学习做铺垫。

【转折】通过分析上面3个问题,我们能够发现表型会随着个体的死亡而消失,但是控制表型的基因却可以在种群中扩散,因此研究生物的进化应该以种群为单位,还记得什么是种群吗？

1. 种群基因组成的变化

(1)种群概念：一定区域的同种生物的全部个体叫作种群。

【图片展示】桦树林中的桦尺蛾种群、一片草地上的蒲公英种群。

【讲述】种群最大的特点：种群中的个体不是机械地集合在一起,它们之间可以相互交配产生可育后代,因此种群是生物繁殖和进化的基本单位。

(2)种群基因库概念：一个种群中全部个体所含有的全部基因。

【转折】那怎么去量化种群基因库的改变呢？科学家们提出了两个量化的标准，基因频率和基因型频率。

$$基因频率 = \frac{该基因数量}{种群全部等位基因的总数} \times 100\%$$

$$基因型频率 = \frac{该基因型个体数量}{种群全部个体总数} \times 100\%$$

(3)用数学的方法讨论种群基因组成的变化。

学生活动一

随机抽取英国曼彻斯特桦尺蛾100只形成一个临时种群，其中基因型为SS的个体30只、Ss的个体60只、ss的个体10只，请你计算该种群中各基因型频率分别是多少？S和s的基因频率分别是多少？

学生活动二

这个临时种群产生S、s配子的概率为多少？自由交配繁殖一代后各基因型频率和基因频率分别为多少？请将计算结果填入下表(表3-9)。

表3-9 不同基因型个体产生的配子的比值与后代的基因型频率和基因频率计算表

亲代基因型的比值	SS(30%)	Ss(60%)		ss(10%)
配子的比值	S( )	S( )	s( )	s( )
子代基因型频率	SS(36%)	Ss(48%)		ss(16%)
子代基因频率	S( )		s( )	

学生活动三

想一想这个种群的子二代、子三代及若干代以后，该种群的基因型频率、基因频率会改变吗？请将计算结果填入下表(表3-10)。

表3-10 后代中基因型频率和基因频率的计算

基因型频率或基因频率		亲代	F_1	F_2	F_3	F_n
基因型频率	SS	30%	36%			
	Ss	60%	48%			
	ss	10%	16%			

续表

基因型频率或基因频率		亲代	F_1	F_2	F_3	F_n
基因频率	S	60%	60%			
	s	40%	40%			

【讲述】我们可以发现这个种群的基因频率和基因型频率都一直没有再改变了，这在生物学中称为遗传平衡。遗传平衡现象是由英国的戈弗雷·哈迪和德国的威廉·温伯格共同提出的，因此遗传平衡定律又叫哈迪-温伯格定律。如果种群中S的基因频率为p，s的基因频率为q，根据$(p+q)^2=p^2+2pq+q^2=1$，即自由组合时雌雄配子随机结合的特点，我们可以看出，其中p^2代表SS的基因型频率，$2pq$代表Ss的基因型频率，q^2代表ss的基因型频率，各种基因型频率之和刚好为1。

【转折】那一个种群具备哪些特点才遵循遗传平衡定律呢？请同学们阅读课本"思考·讨论"相关内容，找出种群要满足哪些条件才能达到遗传平衡。

【学生自主学习】学生阅读课本，找到遗传平衡需要满足的条件。

【讲述】第一，种群要足够大，如果一个种群个体数量太少，产生的子代基因型比例就不一定符合理论结果；第二，雌雄个体间能够进行自由交配，如果是自交，则纯合子的比例可能就会不断增大；第三，没有迁入和迁出，因为个体的迁入或者迁出，也会带走基因，影响到基因频率；第四，各种基因型的个体生存能力相同，比如浅色的桦尺蛾和黑色的桦尺蛾生存机会是相同的；第五，没有基因突变。

【设计意图】让学生运用概念，增强对概念内涵的理解，进而能够将孟德尔遗传定律与数学思维更好地联系在一起，学会用理性客观的逻辑思维去解决问题，发现生命的规律。

【转折】通过分析，我们发现这些都是影响种群基因频率的因素，请问自然界中存在同时满足这5个条件的种群吗？

2.种群基因频率的变化

【讲述】自然界中，一个种群的基因频率总是会改变，基因库也在不断地变化。正如我们前面讲到的，变异会产生不同体色的桦尺蛾，随着工业的发展，树干变黑，黑色的桦尺蛾生存并留下后代的机会更多，桦尺蛾主要是黑色的，推测这段时间自然选择的过程中控制黑色的S基因的基因频率在增大。但是随着环境改善，浅色的桦尺蛾生存并留下后代的机会更多，桦尺蛾又主要是浅色的，推测这段时间自然选择的过程中s的基因频率在增大。

这里我们可以看到,黑色和浅色中到底哪种性状更有利于桦尺蛾的生存取决于该生物生存的环境,浅色和黑色的桦尺蛾都是自然选择的原材料。

达尔文早就明确指出过可遗传变异为生物进化提供原材料。前面我们学习过,可遗传变异主要指的就是基因突变、基因重组、染色体变异,其中基因突变和染色体变异又叫作突变,因此可以概括为突变和基因重组为生物进化提供原材料。

【转折】突变是随机的、不定向的,这显然与在特定的环境中,基因频率会增大或者减小相矛盾,那自然选择到底是如何影响种群基因频率变化的呢?

3. 自然选择对种群基因频率变化的影响

【创设数字化情境】1870年,桦尺蛾种群基因型频率为SS 10%,Ss 20%,ss 70%。假定树干变黑不利于浅色桦尺蛾的生存,使得浅色个体每年减少10%,黑色个体每年增加10%。请将第2,3,…,n年的计算结果填入下表(表3-11)。

表3-11 桦尺蛾种群基因型频率和基因频率变化表

基因型频率或基因频率		第1年	第2年	第3年	……	第n年
基因型频率	SS					
	Ss					
	ss					
基因频率	S					
	s					

学生活动四

小组讨论并完成上述表格,构建出数学模型。

【教师活动】教师演示计算过程并借助Excel算出第1年到第81年的基因型频率和基因频率,构建数学模型。

【资料展示】下图分别表示数字化情境中第1年(1870年)到第81年(1950年)中S和s基因频率的变化(图3-3)以及某学者调查的1870年、1902年、1950年桦尺蛾种群中S和s基因频率的变化(图3-4)。

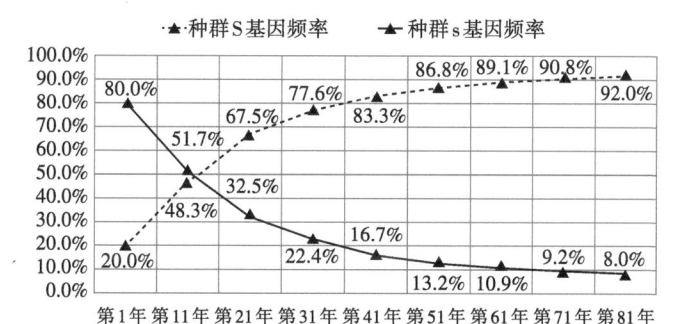

图 3-3 数字化情境中 S 和 s 基因频率的变化

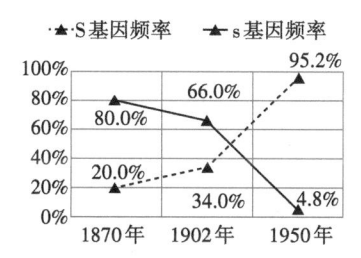

图 3-4 相关学者调查的 S 和 s 基因频率的变化

【思考】分析资料中的数据,我们发现模拟的自然选择作用从1870年到1950年经历80年后的基因频率与学者调查的真实数据却没有完全吻合,这是为什么呢?

【讲述】这可能是因为我们进行情境模拟时没有考虑迁入与迁出、变异等其他因素对基因频率的影响,要想构建出更准确的数学模型,还需要增大自然选择的强度,比如黑色个体可能不止每年增加10%。但是我们构建的数学模型中基因频率变化的整体趋势,即S基因频率在不断增大,s基因频率在不断减小和学者调查的实际结果是相同的。这说明,自然选择确实会使基因频率发生定向改变,使生物朝着一定的方向不断地进化。

【设计意图】创设数字化情境,提高学生阅读信息、解决问题的能力。通过学生构建数学模型,并结合实际解释模型出现偏差的原因,对数学模型进行修正的过程,培养学生批判性思维和严谨的科学态度。

【总结】①种群是生物繁殖和进化的基本单位;②种群中发生的突变和基因重组为生物进化提供原材料;③自然选择使基因频率发生定向改变,使生物朝着一定的方向进化。总之,生物和环境是一个统一的有机整体,生物进化的实质就是生物种群在自然选择的作用下基因频率发生定向改变。

六、教学后记

（1）本节课全程以桦尺蛾为背景展开，将复杂知识放在情境中，可以有效提升学生的素养和能力。

（2）创设数字化情境，与孟德尔遗传定律进行了很好的融合，通过数据分析、归纳总结、构建数学模型、评价并分析数学模型，提升了学生的科学思维能力。

（3）教学过程中通过不断开展学生活动，由易到难，由抽象到具体，让学生思维不断被激发，保证了教学任务的完成，让学生收获满满。

（4）情境化探究了自然选择使种群基因频率定向改变，只是课堂上的这个实例还不能完全保证学生理解到生物进化的实质，建议课后继续开展实验做进一步的探究学习。

体液调节与神经调节的关系

重庆市璧山区教师进修学校　　杨江冰

一、课程标准

大概念：生命个体的结构与功能相适应，各结构协调统一共同完成复杂的生命活动，并通过一定的调节机制保持稳态。

重要概念：内分泌系统产生的多种类型的激素，通过体液传送而发挥调节作用，实现机体稳态。

次位概念：①举出神经调节与体液调节相互协调、共同维持机体稳态的例子，如体温调节等；②举出其他体液成分参与稳态调节的例子，如CO_2对呼吸运动的调节等。

二、教学目标

（1）举例说明体液调节除激素外，其他体液成分也参与稳态调节。

（2）概括比较神经调节和体液调节的特点，分析各自在维持稳态上的优势。

（3）以体温调节为例，概括神经调节和体液调节的相互协调关系。

(4)运用人体稳态与平衡观,结合神经调节和体液调节机制,说出健康生活方式的意义。

三、重点难点

教学重点:①体液调节和神经调节特点的比较;②体液调节和神经调节的协调关系。

教学难点:对人体的体温调节的分析。

四、教学设想

通过提问、探究、深化、迁移应用的实施具体预设:①创设情境,提出问题——寻味;②任务驱动,探究问题——探味;③构建模型,深化概念——品味;④辨析深入,迁移应用——回味。

五、教学过程设计

【讲述】同学们好！我们已经学习了神经调节和激素调节,下面让我们先来看图片。

【展示图片】玩过山车的图片。

【讲述】过山车大家玩过吗？在游乐园乘坐过山车,头朝下疾驰时,不少人感到心怦怦直跳,并狂呼乱叫。如果此时检测血液,发现能使心跳和呼吸加快的肾上腺素含量也会明显升高。这一现象我们称为"过山车现象"。

【问题探讨】

(1)既然知道过山车是安全的,为什么心跳还会加速呢？(心脏活动受自主神经支配,当受到急速行驶致使体位发生变化的刺激后,人体处于兴奋状态,此时交感神经活动占优势,会使心跳不自觉加快。)

(2)在这个例子中,人体所做出的反应,哪些与神经调节有关？哪些与激素调节有关？你能说出两者之间的关系吗？(当支配心脏的交感神经兴奋性加强时,心跳加快、加强,属于神经调节;与此同时,交感神经也支配肾上腺的分泌活动,使肾上腺分泌的肾上腺素增加,肾上腺素通过血液运输到达心脏,也使心跳加快,这属于激素调节。由此可见,神经调节可以直接调节心脏活动,也可以通过调节激素的分泌,再通过激素调节心脏活动。)

【设计意图】创设情境,提出问题,引起思考,激发兴趣。从身边的情境入手理解基本概念,为后续学习做铺垫。

【转折】按现在同学们所掌握的知识,对"过山车现象"中的奥妙还很难理解得很透彻。那么,这节课我们就来学习相关的知识,学完了我们再来重新审视这些问题。

1.体液调节和神经调节的比较

(1)什么是体液调节呢?看到体液调节大家马上能联想到什么?(激素调节。)

(2)为什么有这样的联想呢?这两者有什么联系?(因为我们之前学过,激素调节的第2个特点就是:通过体液运输。)

(3)激素调节属于体液调节。但是,体液调节就完全等于激素调节吗?

提示:兔子在CO_2浓度过高的环境中呼吸会加快加强,这说明CO_2有什么功能呢?(说明CO_2也能调节生命活动,它的作用是促进呼吸运动。)

(4)CO_2在生物体内是通过什么运输的呢?(体液。)所以,CO_2的调节应该属于哪种调节方式?(体液调节。)

除了CO_2以外,还有很多其他非激素类调节因子也在生命活动的调节中起着重要作用。请同学们总结什么是体液调节。(激素和其他调节因子,如CO_2等,通过体液传送的方式对生命活动进行调节,称为体液调节。)

【讲述】激素调节是体液调节的主要内容。除激素外其他一些化学物质,如组胺、某些气体分子(NO、CO等)以及一些代谢产物(CO_2等),也能作为体液因子对细胞、组织和器官的功能起调节作用。

体液调节与神经调节的范围:①一些低等动物只有体液调节;②在人和高等动物体内,体液调节和神经调节都是机体调节生命活动的重要方式。

【展示资料】

资料一:某人右手不小心碰到仙人掌,右手立刻缩回,随后很快恢复到正常状态。

资料二:吃完饭半个小时,血糖浓度上升,过一段时间后,随着胰岛素的作用,血糖浓度回落到正常水平。

【思考】①两则资料中所列举的实例分别为什么调节方式?②二者有什么区别?

【设计意图】用比较法区别神经调节和体液调节(表3-12),通过比较、分析、概括等方式提高科学思维,并突出本堂课的重要概念。

表3-12 神经调节和体液调节的比较

比较项目	神经调节	体液调节
举例	缩手反射	胰岛素的分泌
作用途径	反射弧	体液运输
反应速度	迅速	较缓慢
作用范围	准确、比较局限	较广泛
作用时间	短暂	比较长

【过渡】神经调节和体液调节的结构基础和作用方式都不一样,但二者并不是各行其道、互不相干的,而是相互联系并彼此协调的。那么二者间有什么关系呢？这两种调节是怎样进行协调的呢？

2.神经调节和体液调节的协调

实例一:体温恒定的调节。

【讲述】

(1)什么是体温？(指人身体内部的温度。正常口腔温度为37.2 ℃,腋窝温度为36.8 ℃,直肠温度为37.5 ℃。)

(2)为什么要维持恒定的体温？(体温恒定是人新陈代谢正常进行的基本条件,体温过高或过低,都会影响新陈代谢的正常进行,严重时导致死亡。)

(3)如何维持恒定的体温？(机体产热量=机体散热量。)

(4)人体产热、散热的机制是什么？(体温的恒定对人体正常的生命活动至关重要。人体热量的来源主要是细胞中有机物的氧化放能,人体安静时以肝脏放能为主,运动时以骨骼肌放能为主。热量的散出方式主要包括汗液的蒸发,皮肤毛细血管的散热,其次还有呼吸、排尿和排便等。)

【设计意图】在体温调节思维导图的基础上,学生独立找出神经调节、体液调节部分,解决核心问题,得出结论:神经调节可以影响激素的分泌,从而影响体液调节,称为神经-体液调节。

实例二:体温调节。

【讲述】寒冷条件下,增加产热的途径有哪些？减少散热的途径有哪些？

①增加产热的途径:A.骨骼肌战栗,使产热增加;B.甲状腺激素、肾上腺素等激素的释放;C.肝及其他组织细胞的代谢活动增强。

②减少散热的途径:A.汗腺分泌的汗液量减少;B.皮肤血管收缩,皮肤的血流量减少。

出示寒冷、炎热条件下的体温调节示意图。

(5)解决核心问题——神经调节与体液调节的关系。

根据建构的体温调节思维导图提出问题:①该调节过程中哪些是神经调节?②该调节过程中哪些是体液调节?

【设计意图】学以致用,利用生物学知识,解决生活实际问题,培养学生的学习兴趣,同时培养学生关心他人的意识。

【过渡】提问:人的体温调节是无限的吗?

3.人体调节体温的能力是有限的

【讲述】寒冷环境停留过久,机体产生的热量不足以补偿散失的热量,体温就会降低;高温环境停留过久,机体产生的热量不能及时散失,体温就会升高。这两种情况都会造成以下后果:①影响物质代谢的正常进行;②使细胞、组织和器官发生功能紊乱;③破坏内环境稳态;④严重时危及生命。

4.学以致用联系生活实际

承接旅游情境,提出问题:寒假到了,小明即将前往黑龙江、三亚,为了机体更好地适应环境温度的变化,根据本节课所学内容,你有什么温馨小建议告诉小明吗?

5.体液调节与神经调节的关系

(1)不少内分泌腺直接或间接地受到中枢神经系统的调节,在这种情况下,体液调节可以看作是神经调节的一个环节。例如,肾上腺髓质受交感神经支配,当交感神经兴奋时,肾上腺髓质分泌肾上腺素等激素。其作用于靶细胞,使靶细胞产生相应的反应。

(2)内分泌腺分泌的激素也可以影响神经系统的发育和功能。如人在幼年时缺乏甲状腺激素,会影响脑的发育;成年时,甲状腺分泌不足,会使神经系统的兴奋性降低,表现为头晕、反应迟钝、记忆力减退等症状。

【展示资料】联系生活实际:拒绝毒品,慎用心理药物,介绍毒品相关知识,展示吸毒的危害相关图片。

【总结】①体液调节是激素等化学物质通过体液传送的方式对生命活动进行的

调节;②体液调节和神经调节因其结构基础不同而各具优势,在调节过程中相辅相成、彼此协调;③体温调节:通过神经-体液调节,维持机体产热和散热平衡,从而维持内环境温度的相对稳定,对机体正常生命活动有重要意义。总之,动物体的各项生命活动常常同时受神经和体液的调节。正是由于这两种调节方式彼此协调,各器官、系统的活动才能协调一致,内环境的稳态才能得以维持,细胞的各项生命活动才能正常进行,机体才能适应环境的不断变化。

六、教学后记

(1)创设生活情境与科研情境进行教学,激发学生学习兴趣。

(2)利用问题串引导教学过程中,要时刻关注学生的反应,以便及时调整教学策略,确保教学效果。

(3)允许多种形式的交流展示,视频、数据、表格或概念模型并用,充分激发学生学习兴趣,拓展教学思路。

(4)对两种调节方式的异同分析和信息分子种类的区分,可以帮助学生更加深入透彻地体会信息观这一生命观念。

(5)对于"寒冷环境散热多,产热也多"与"寒冷环境机体调节皮肤血管收缩,汗腺分泌汗液减少,使散热减少"理解的引导还不够,建议使用形象生动的实例帮助学生突破难点。

生物的生存依赖一定的环境

重庆市璧山中学校　　唐瑶

一、课程标准

大概念:生物与环境相互依赖、相互影响,形成多种多样的生态系统。

重要概念:生态系统中的生物与环境相互作用,实现了物质循环和能量流动。

次位概念:①水、温度、空气、光等是生物生存的环境条件;②生态因素能够影响生物的生活和分布,生物能够适应和影响环境。

二、教学目标

(1)通过举例说明主要非生物因素(水、光、温度)对生物形态、生理和分布的影响,生物因素(种内关系和种间关系)对生物的影响,让学生形成进化与适应的生命观念。

(2)通过分析总结环境中非生物因素与生物因素对生物的影响,让学生形成理性思维,提高其归纳与概括的能力。

(3)运用生物学知识和方法,为杂交水稻寻找适宜的生存环境,让学生形成生物与环境相互依赖的观点、形成生态意识、提高社会责任感。

三、重点难点

教学重点:①认识水、光、温度对生物形态、生理和分布的影响;②认识生物与生物之间的相互关系。

教学难点:①对影响生物形态、生理和分布的关键非生物因素的分析;②种内斗争和种间竞争的异同。

四、教学设想

通过情境导入、提问、活动的实施具体预设:①创设情境,引出问题;②小组活动,问题解决;③总结交流,情感升华。

五、教学设计过程

【新课导入】展示水稻实物,并播放视频。

【提问】同学们,看到巨型稻你会想起谁?

学生:巨型稻让我们想起了袁隆平爷爷和他的"禾下乘凉梦"。

【引入课题】要想巨型稻等杂交水稻遍布全球,首先我们要探索适宜它生存的环境。让我们一起来为巨型稻寻找宜居环境吧!

学生回忆袁隆平和巨型稻相关的信息。

【设计意图】创设情境激发学生求知欲,努力去实现袁隆平的第二梦想——巨型稻等杂交水稻遍布全球。

学习任务一:寻找宜居环境

1.找原因

【提问】巨型稻在重庆大足、浙江建德都试种成功了,两地的环境有什么共同点?

【追问】这说明哪些因素对巨型稻的生存尤为重要呢? 水、光、温度到底有什么重要作用呢?

学生总结:水、光、温度对巨型稻的生存尤为重要。

【设计意图】引出水、光、温度三个非生物因素,引导学生总结水、光、温度的重要作用。

2.知原理

教师引导学生得出结论:①没有水就没有生命;②太阳光是生命的能量源泉;③温度能够影响酶的活性,从而影响生物的生长发育。

学生阅读教材和分析资料,认识水、光、温度的重要作用。

3.探影响

【过渡】水、光、温度不仅会对巨型稻造成影响,还会对其他生物造成影响。

【分组活动一】①读:自觉阅读教材相关内容。②贴:选出合适的图片贴在表格中合理的位置。③写:完成图片中的填空。

小组1:从提供的材料中选择出关键因素——水对形态、结构、生理三个方面影响的例子并粘贴。小组2:从提供的材料中选择出关键因素——光对形态、结构、生理三个方面影响的例子并粘贴。小组3:从提供的材料中选择出关键因素——温度对形态、结构、生理三个方面影响的例子并粘贴。

【学生活动】自学后完成分组任务,展示小组成果并解释原因。教师介绍阴生植物和阳生植物,长日照植物和短日照植物(巨型稻是阳生植物也是短日照植物)。

【设计意图】通过小组活动让学生认识到水、光、温度对生物形态、结构、生理的影响,让学生形成理性思维,提高其归纳概括的能力,突出重点,突破难点。

4.晓分布

【活动二】邀请学生将植物(仙人掌、阔叶树、针叶树)种植在地图上最适宜的地方。

【追问】巨型稻的分布范围呢?

教师引导学生得出水和温度对生物的分布起着非常重要的作用。结合地图讲解降水总量和温度对生物群落在地表分布的影响。

【学生活动】上台完成植物分布活动。

【设计意图】让学生认识降水总量和温度对生物群落在地表分布的影响,形成生物与环境相互依赖的观点。

学习任务二:探索"邻里"关系

【过渡】在水、光、温度都适宜的环境中,巨型稻就一定能生长得好吗?我们来听一听它怎么说。

播放"巨型稻的烦恼"视频。

【追问】巨型稻会因为哪些生物而烦恼呢?

我们将同种生物之内的关系称作种内关系,不同生物之间的关系称作种间关系。

【追问】巨型稻和这些生物属于种内或者种间的什么样的关系呢?

学生阅读教材寻找答案,认识种内斗争,种间竞争、捕食、寄生关系。

【追问】①种内关系除了种内斗争还有什么?②种间关系除了竞争、捕食、寄生还有什么?③同样是争夺资源,种内斗争和种间竞争有什么区别呢?④同样是两种生物一起生存,共生和寄生有什么区别呢?

学生通过事例区别种内斗争和种间竞争,共生和寄生。

【课堂检测】学生分析判断以下事例体现了生物间的什么关系。

【设计意图】让学生认识降水总量和温度对生物群落在地表分布的影响,形成生物与环境相互依赖的观点,并突破难点。

【课堂小结】

教师:巨型稻受到哪些因素的影响?

学生总结水、光、温度是非生物因素,其他生物的影响(包括种间和种内关系)是生物因素。非生物因素和生物因素统称为生态因素。

【情感升华】教师:2021年5月,袁隆平爷爷与世长辞⋯⋯

【学生活动】缅怀袁隆平,向袁隆平学习。

【设计意图】树立以袁隆平为榜样的远大理想,提高学生社会责任感。

六、教学后记

本节课以真实情境为主线,带领学生通过环环相扣的小组活动认识生物因素和非生物因素对生物的影响。本节课获得了重庆市初中生物优质课竞赛一等奖。

人体内生命活动的调节

重庆市璧山区丁家初级中学校　李锦成

一、课程标准

大概念:生命个体的结构与功能相适应,各结构协调统一共同完成复杂的生命活动,并通过一定的调节机制保持稳态。

重要概念:人体各系统在神经系统和内分泌系统的调节下,相互联系和协调,共同完成各项生命活动,以适应机体内外环境的变化。

次位概念:①神经系统由脑、脊髓及与它们相连的神经构成;②反射是神经调节的基本方式,反射弧是反射的结构基础;③人体通过眼、耳等感觉器官获取外界信息,科学用眼和用耳能够保护眼和耳的健康;④甲状腺激素、胰岛素等激素参与人体生命活动的调节。

二、教学目标

(1)描述神经系统的构成和功能,形成结构与功能相适应的观念。

(2)描述眼和耳的结构与功能,阐明视觉和听觉的形成过程,学会科学用眼和用耳,保护眼和耳的健康。

(3)能够结合具体实例,分析人体的神经系统、内分泌系统对机体内外环境变化所做出的反应,阐明其重要意义。

三、重点难点

教学重点:①描述神经系统的构成和功能,形成结构与功能相适应的观念;②描述眼和耳的结构与功能,阐明视觉和听觉的形成过程。

教学难点:学会科学用眼和用耳,形成保护眼和耳的健康意识,从而养成健康的生活习惯。

四、教学设想

通过真实情境的创设,分析问题、回顾知识、运用知识、阐明原理,以此达到单元复习的目的。

五、教学过程设计

环节一:创设真实情境,激趣引入复习

【教师活动】教师播放视频:双车道的乡村道路上,同向行驶的摩托车和小轿车,当右边的摩托车突然左转时,小轿车司机眼疾手快地将轿车也左转驶入了无人的田野中,这才避免了危险发生。

【学生活动】认真观看视频。

【设计意图】俗话说"无情境就无认知",通过创设真实情境导入新课,更能激发学生的学习兴趣,也更能体现知识来源于生活,又服务于生活。

环节二:运用生物学知识,解说视频情境

1.复习人体对外界环境的感知

【教师活动】幻灯片播放视频解说一。

(1)请分析视频中的小轿车司机为什么也会突然往左猛打方向盘。小轿车司机主要通过哪种感官从外界获取信息?教师通过视频解说唤起学生的前概念。

(2)教师通过多媒体展示复习内容引导学生复习眼球的结构、视觉的形成过程、近视及其预防等相关内容。

【学生活动】学生运用所学知识分析视频内容,尝试回答视频解说中的问题。

【设计意图】对于重要结构,如晶状体、视网膜、鼓膜、耳蜗等,可以请学生上台指认,以此加深记忆,从而提高学生的识图能力,教会学生复习方法。对于视觉、听觉的形成过程这类知识点,复习中可以请学生根据图片提示进行讲解,提高学生的参与感。

【教师活动】幻灯片播放视频解说二。

(1)小轿车司机始终能看清由远到近的摩托车主要是因为眼球哪个结构的调节?它的形状是如何改变的?又受什么结构的调节呢?小轿车司机看见摩托车强行左转时及时刹车的同时还进行了鸣笛,希望摩托车驾驶员能通过哪种感官感觉到危险?

(2)教师通过多媒体展示复习内容引导学生复习耳的结构、听觉的形成过程、科学用耳等相关内容。

【学生活动】学生根据老师的引导翻书复习相应内容,并回答老师提出的问题,指认眼、耳中的重要结构,从而复习巩固眼、耳的相关知识。

【设计意图】通过观看视频解说帮助学生巩固知识,唤起学生的前概念,从而顺利地过渡到听觉的复习内容。

2.复习神经系统的组成

【教师活动】幻灯片播放视频解说三。

(1)视频中的小轿车司机看见强行左转的摩托车,为什么会选择驶向无人的田野中?主要受什么系统的调控?摩托车司机听见鸣笛为什么还会强行左转,你的猜测是什么?人体通过感觉器官能对外界环境做出感知,又是如何对外界刺激做出反应的呢?通过视频解说过渡到神经系统的组成。

(2)教师通过多媒体展示图文资料,复习神经系统、神经元的结构和功能,结合生活中喝酒后语无伦次、走路东倒西歪、血压升高等现象分析酒精对神经系统的损坏。

【学生活动】学生根据教师提供的图文资料复习巩固神经系统、神经元的结构和功能,并运用所学知识分析酒精等外界刺激对神经系统的损害。

3.复习神经调节的基本方式

【教师活动】幻灯片播放视频解说四。

(1)你知道小轿车司机看见强行左转的摩托车,然后踩刹车和调节方向盘这一系列反应的反射类型是什么吗?你能运用所学的生物知识写出小轿车司机看见强行左转的摩托车踩刹车的这一条反射弧吗?教师通过视频解说唤起学生的前概念。

(2)教师通过多媒体展示图文资料,复习反射的概念、反射弧的正确书写、反射完成的条件、简单反射和复杂反射的区别等。

【学生活动】学生尝试写出小轿车司机看见强行左转的摩托车踩刹车这一条反射弧,并展示答案。学生发现有知识的遗忘,明白认真复习的必要性。

【设计意图】学生根据教师提供的图文资料,复习巩固反射的概念、反射弧的正确书写、简单反射和复杂反射的区别。

4.复习激素调节

【教师活动】幻灯片播放视频解说五。

小轿车司机停好车后心跳加速、血压上升,甚至还怒气冲天地大吼摩托车驾驶员,为什么?

教师通过视频解说,引导学生明确人体各项生命活动既受神经系统的调节,又受激素的调节。

【设计意图】本节课的复习方式是根据大单元教学设计的思路,紧紧围绕交通事故视频展开。通过引导学生运用所学知识对视频的各方面进行分析,实现学以致用的目标,帮助学生明白学习是为生活服务的,从而体会学习的快乐。

环节三:课堂板书小结

教师展示课堂板书进行小结(如图3-5)。

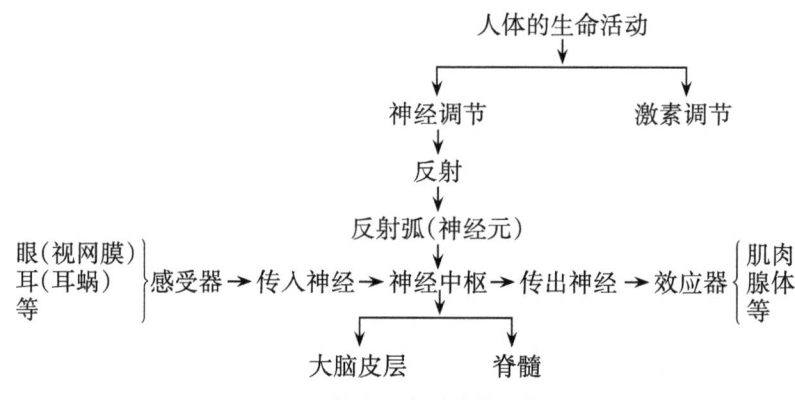

图3-5 "人体内生命活动的调节"过程

六、教学后记

本节课是一节复习课,并且只有一个课时,因此在教学的过程中对激素调节的复习并未深入展开,所以若是与新课大单元教学的模式进行比较就会略显不足。若按照大单元教学模式进行新课的教学,教学过程中可以通过让学生设计有关醉驾的手抄报,以及保护神经系统的宣传手册等方式物化成果。

主题六:遗传与进化专题复习

重庆市璧山中学校　　彭静

一、课程标准

大概念:遗传信息控制生物性状,并由亲代传递给子代;地球上现存的生物来自共同祖先,是长期进化的结果。

重要概念：①生物通过有性生殖或无性生殖产生后代；②地球上现存的生物具有共同祖先。

次位概念：①生物通过有性生殖或无性生殖产生后代；②生物的性状主要由基因控制。

二、教学目标

（1）通过播放视频引导学生回顾植物、昆虫、两栖动物、鸟类的生殖方式，比较有性生殖和无性生殖的异同点，总结生物通过生殖、发育来保证种族生命的延续。

（2）通过探究一家四口皮肤与眼皮的遗传，理解生殖过程中染色体减半的现象，理解遗传信息与生物性状的关系——基因控制性状、遗传信息可以在亲子代间传递。

三、重点难点

教学重点：①比较有性生殖与无性生殖的异同点；②建构遗传、变异、性状、基因等概念之间的联系网络图。

教学难点：理解生殖过程中染色体减半的现象。

四、教学设想

从身边熟悉的情境入手，播放视频导入，提出相关问题进而总结、归纳有性生殖与无性生殖之间的异同，理解生物通过生殖、发育来保证种族生命的延续。创设遗传学情境，围绕一道题目梳理遗传、变异、性状、基因等概念之间的联系，并逐步建构知识网络图。最后利用结业考试真题练习，补充、巩固知识点。

五、教学过程设计

【新课导入】"穿花蛱蝶深深见，点水蜻蜓款款飞。"这样的景象在我们生态之城璧山的春夏季节可谓比比皆是，不信大家瞧（播放视频）。

【设计意图】从璧山秀湖公园的常见情境入手，吸引学生关注，进而提出问题，引起思考。

【教师活动】根据视频内容提出问题，邀请学生依次回答：①视频里蜻蜓点水的目的是什么？②植物鸢尾和动物蜻蜓生命的起点都是什么？③由受精卵发育为新个体的生殖方式叫作什么？④如果新个体的形成没有受精卵的结合，则叫作什么？⑤像蜻蜓这样幼体与成体在形态结构和生活习性上差异很大的发育方式称为什么？

【学生活动】依次作答后完成复习案中植物和动物的生殖的部分内容(见图3-6)，构建知识框架，并分小组进行展示、交流和相互评价。

植物和动物的生殖

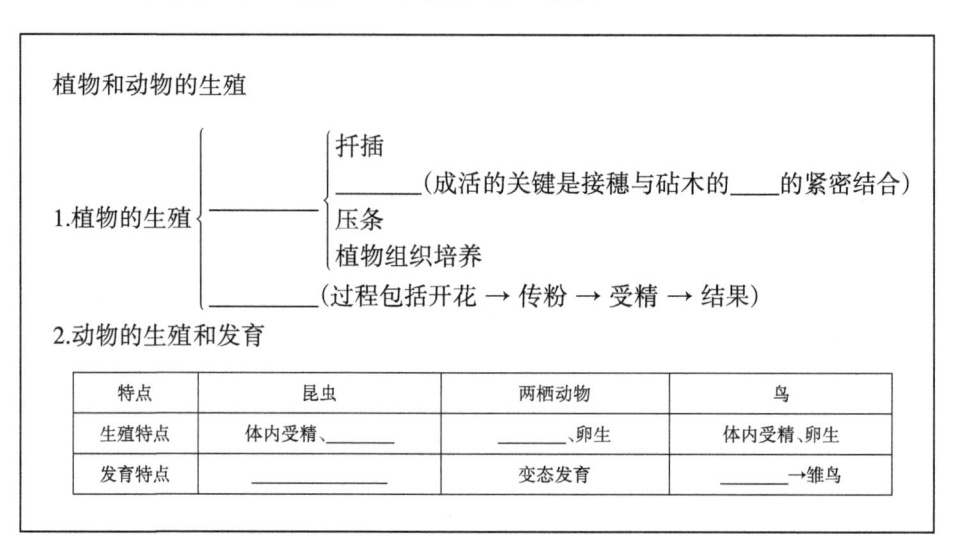

1.植物的生殖
- ┌ 扦插
- │ _____ (成活的关键是接穗与砧木的____的紧密结合)
- │ 压条
- └ 植物组织培养
- _____ (过程包括开花 → 传粉 → 受精 → 结果)

2.动物的生殖和发育

特点	昆虫	两栖动物	鸟
生殖特点	体内受精、_____	_____、卵生	体内受精、卵生
发育特点	_____	变态发育	_____→雏鸟

图3-6 植物和动物的生殖的部分内容

【设计意图】结合情境问题迅速构建概念，及时评价，建立学习自信。

【小结】教师利用表格引导学生总结：生物的繁殖方式有无性生殖和有性生殖两种类型，这两种方式都可以帮助生物完成生命的延续。随着生物的进化，更多的动物都选择了有性生殖的方式繁衍后代，其原因是：与无性生殖的后代相比较，有性生殖产生的后代具有双亲的遗传特性，更有可能适应复杂多变的环境。

【过渡】教师进一步提出问题：双亲的特性，或者说双亲的性状，究竟是如何传递给后代的呢？

【教师活动】展示表格(表3-13)，提出问题：①女儿的眼皮与儿子不同，儿子的肤色与父亲不同，这在遗传学上称为什么？②单眼皮和双眼皮在遗传学上称为一对什么？③父母遗传给孩子的是性状，还是控制性状的基因？④有性生殖过程中，什么是基因在亲子代间传递的"桥梁"？

表3-13 一家四口的眼皮和皮肤特性

性状	父亲	母亲	儿子	女儿
眼皮	双眼皮	双眼皮	双眼皮	单眼皮
皮肤	肤色正常	白化病	白化病	肤色正常

【设计意图】创设情境,引导学生由浅入深思考问题,为知识网络的构建做铺垫。教师引导学生一边回答问题,一边在复习案中建构知识网络图(见图3-7)。

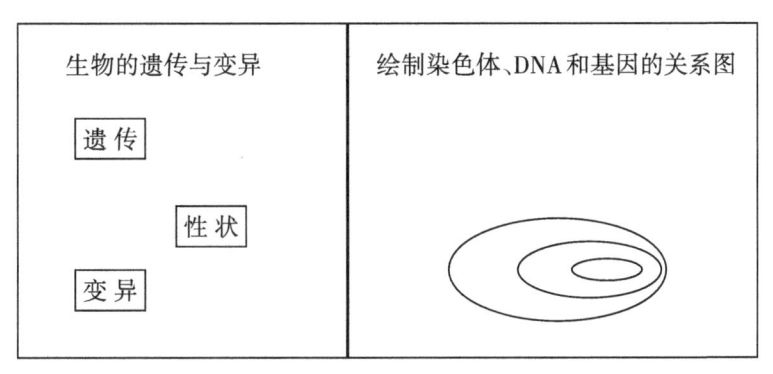

图3-7 知识网络图

【学生活动】思考后回答问题。

(1)变异。变异是指亲子间,以及子代个体间的不同。亲子间的相似性叫作遗传。刚才提到的不同与相似,指的是生物性状的不同与相似。

(2)单眼皮和双眼皮在遗传学上称为一对相对性状。

教师引导学生回顾:性状是生物体形态结构、生理和行为等特征的统称。相对性状是指同种生物同一性状的不同表现形式。相对性状有显性和隐性之分,显性性状由显性基因(如A)控制,隐性性状由隐性基因(如a)控制。

教师追问:性状是否只受基因控制?

学生回答:性状还会受到环境影响,例如萝卜变甜。

(3)遗传的是控制性状的基因。

教师追问:什么是基因?

学生回答:基因是具有遗传效应的DNA片段。DNA是人体内的遗传物质。

教师展示染色体结构示意图,引导学生回顾染色体、DNA、基因之间的关系。

教师追问:人的体细胞中有多少条染色体?

学生回答:46条(23对)。

教师展示人体细胞23对染色体的示意图,提问:图中哪一对染色体与性别有关?

(4)生殖细胞是基因在亲子代间传递的"桥梁"。

【学生活动】完成复习案中的"真题在线"(见图3-8)。

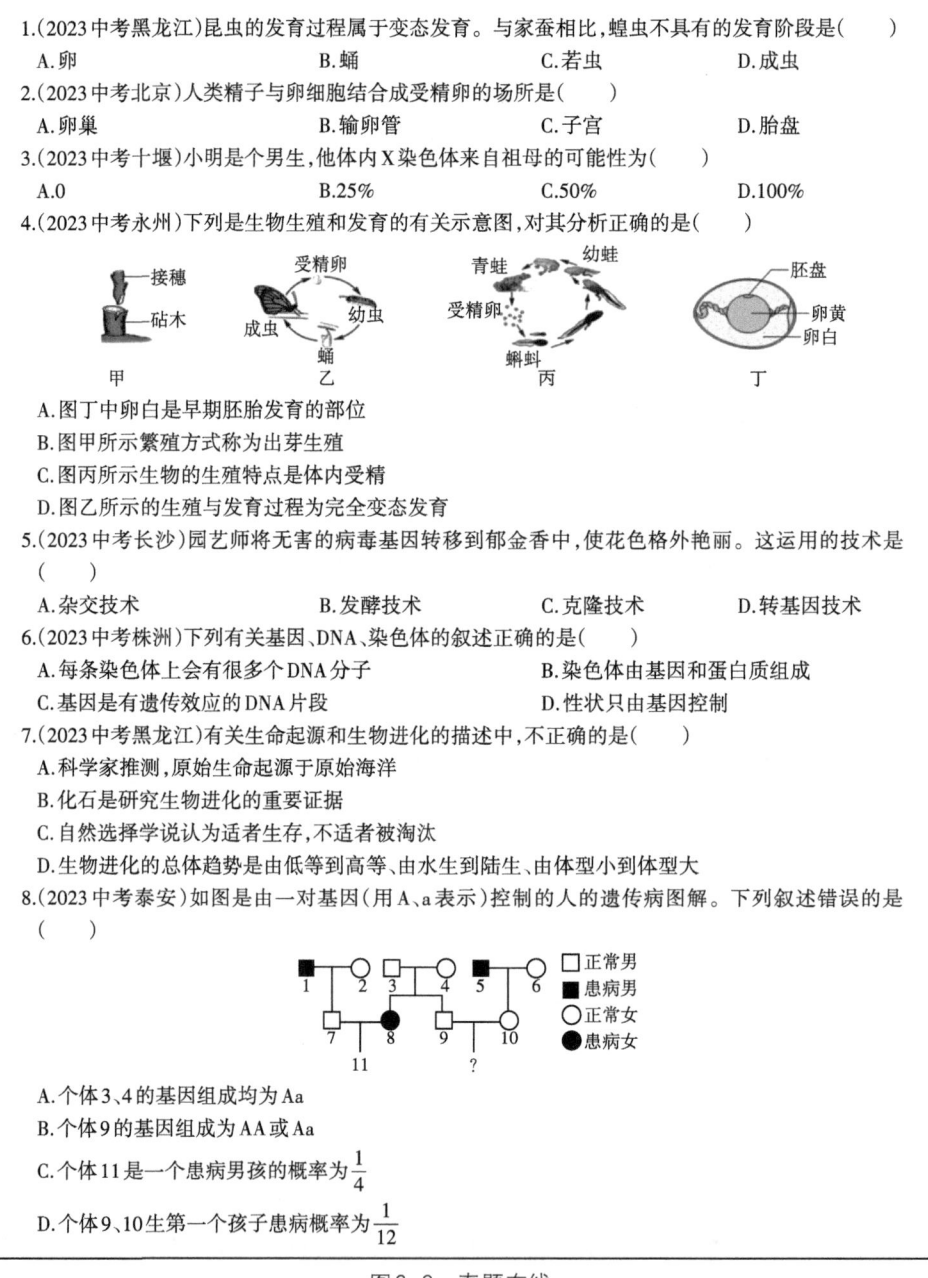

1.(2023中考黑龙江)昆虫的发育过程属于变态发育。与家蚕相比,蝗虫不具有的发育阶段是( )
   A.卵　　　　　　　B.蛹　　　　　　　C.若虫　　　　　　D.成虫

2.(2023中考北京)人类精子与卵细胞结合成受精卵的场所是( )
   A.卵巢　　　　　　B.输卵管　　　　　C.子宫　　　　　　D.胎盘

3.(2023中考十堰)小明是个男生,他体内X染色体来自祖母的可能性为( )
   A.0　　　　　　　B.25%　　　　　　C.50%　　　　　　D.100%

4.(2023中考永州)下列是生物生殖和发育的有关示意图,对其分析正确的是( )

   A.图丁中卵白是早期胚胎发育的部位
   B.图甲所示繁殖方式称为出芽生殖
   C.图丙所示生物的生殖特点是体内受精
   D.图乙所示的生殖与发育过程为完全变态发育

5.(2023中考长沙)园艺师将无害的病毒基因转移到郁金香中,使花色格外艳丽。这运用的技术是( )
   A.杂交技术　　　　B.发酵技术　　　　C.克隆技术　　　　D.转基因技术

6.(2023中考株洲)下列有关基因、DNA、染色体的叙述正确的是( )
   A.每条染色体上会有很多个DNA分子　　　　B.染色体由基因和蛋白质组成
   C.基因是有遗传效应的DNA片段　　　　　　D.性状只由基因控制

7.(2023中考黑龙江)有关生命起源和生物进化的描述中,不正确的是( )
   A.科学家推测,原始生命起源于原始海洋
   B.化石是研究生物进化的重要证据
   C.自然选择学说认为适者生存,不适者被淘汰
   D.生物进化的总体趋势是由低等到高等、由水生到陆生、由体型小到体型大

8.(2023中考泰安)如图是由一对基因(用A、a表示)控制的人的遗传病图解。下列叙述错误的是( )

   A.个体3、4的基因组成均为Aa
   B.个体9的基因组成为AA或Aa
   C.个体11是一个患病男孩的概率为$\frac{1}{4}$
   D.个体9、10生第一个孩子患病概率为$\frac{1}{12}$

图3-8　真题在线

六、教学后记

作为结业考试前的专题复习课,一定要紧扣课标,关注学生大概念和重要概念的建构,帮助学生梳理知识网络框架。

第四章

新高考生物学试题研究与应用

依据新课程标准和高考评价体系,对高考试题(来源于学科网)进行分析,在试题分析的基础上,形成试题分析报告,并提出备考策略,具体内容如下。

一、试题分析

1.2022年、2023年、2024年重庆生物学试题双向细目表

2022年、2023年、2024年重庆生物学试题双向细目表如下(表4-1至表4-3)。

表4-1 2022年重庆生物学部分试题双向细目表

考点	题型	分值	试题内容	备注
必修1《分子与细胞》(32分)	选择	2	细胞的结构	
	选择	2	细胞的物质输入和输出	物质跨膜运输的方式
	选择	2	蛋白质的结构	细胞器之间的协调配合
	选择图表	4	组成细胞的分子	
	选择图表	2	细胞的生命历程	细胞分化、分裂
	选择图表	2	酶的特性	
	选择图形	4	细胞代谢	呼吸作用
	非选择图形、实验	14	光反应的本质	23题光合作用
			光反应与暗反应的联系	
			光合作用的影响因素	
必修2《遗传与进化》(22分)	选择	2	遗传的物质基础	
	选择图形、图表	4	遗传的基本规律	基因频率、基因型
	选择图形	2	基因和染色体的关系	减数分裂
	非选择图形	14	基因的表达	24题基因与性状的关系
			育种及遗传图解的书写	
选择性必修1《稳态与调节》(18分)	选择	2	体液调节	特点、外源激素对体内激素的影响
	选择	2	内环境	成分、理化性质
	选择图形	2	神经调节	结构基础、负反馈

续表

考点	题型	分值	试题内容	备注
选择性必修1《稳态与调节》（18分）	选择图表、图形	4	植物生命活动的调节	
	非选择图形	8	免疫系统的功能	21题 免疫调节
			特异性免疫	
选择性必修2《生物与环境》（11分）	选择图形	2	种群及其动态	特征、数量变化
	非选择图表	9	种群密度	22题 种群、群落、生态系统
			群落的空间结构	
			生态系统的多样性及其保护	

表4-2　2023年重庆生物学试题双向细目表

考点	题型	分值	试题内容	备注
必修1《分子与细胞》（26分）	选择	6	细胞的结构与功能	细胞膜 蛋白质合成
	选择图表			
	选择图表	3	细胞的物质输入和输出	物质跨膜运输的方式、物质鉴定
	选择图表	3	细胞代谢	物质转化
	选择图表	3	细胞的生命历程	细胞周期
	非选择图形、实验	11	光合作用过程	19题 光合作用
			光合产物的运输	
			光合作用的影响因素	
必修2《遗传与进化》（20分）	选择	3	生物的进化	基因频率
	选择图形、图表	3	遗传的基本规律	遗传系谱图
	非选择图形	14	减数分裂	20题 遗传
			遗传的基本规律	
			基因的表达	

续表

考点	题型	分值	试题内容	备注
选择性必修1《稳态与调节》(22分)	选择	3	内环境	成分、理化性质
	选择图形、图表	6	动物生命活动的调节	体液调节 神经调节
	选择图形	3	植物生命活动的调节	植物激素
	非选择图形	10	过敏反应 特异性免疫	18题 免疫调节
选择性必修2《生物与环境》(13分)	选择图表	3	群落及其演替	群落的结构
	非选择图形、图表	10	群落种间关系 种群数量变化 生态系统的稳定性	17题 种群、群落、生态系统
选择性必修3《生物技术与工程》(19分)	选择图形	3	发酵工程及其应用	9题 垃圾资源化处理
	选择图形	3	基因工程的基本操作程序	目的基因的获取、基因表达载体的构建
	选择图表	3	植物细胞工程	以植物组织培养为背景考查对照实验
	非选择图形	10	动物细胞培养 目的基因的导入 PCR技术	16题

表4-3 2024年重庆生物学试题双向细目表

考点	题型	分值	试题内容	备注
必修1《分子与细胞》(29分)	选择	9	细胞的结构与功能	细胞器、细胞膜、组成细胞的元素和化合物
	选择图表	3	细胞的物质输入和输出	物质跨膜运输的方式
	选择图形	3	细胞的生命历程	细胞增殖分化
	选择图形	3	细胞呼吸	细胞呼吸

续表

考点	题型	分值	试题内容	备注
必修1《分子与细胞》（29分）	非选择图形、图表实验	11	光合作用过程 光合产物的运输 光合作用的影响因素	18题 光合作用
必修2《遗传与进化》（19分）	选择	6	遗传的基本规律	自由组合定律、伴性遗传、遗传系谱图、从性遗传
	选择图形			
	非选择图形	13	遗传的基本规律 染色体变异	20题 遗传
选择性必修1《稳态与调节》（22分）	选择	6	免疫调节	细胞免疫
	选择	3	动物生命活动调节	内环境稳态 神经调节
	选择图形	3	植物生命活动的调节	植物激素
	非选择图形	10	血糖平衡调节	17题 体液调节
选择性必修2《生物与环境》（13分）	选择图表	3	生态系统功能	能量流动
	非选择图形	10	群落种间关系 种群数量变化 生态系统的稳定性	16题 种群、群落、生态系统
选择性必修3《生物技术与工程》（17分）	选择图形	3	发酵工程	微生物培养
	选择图形	3	动物细胞工程	干细胞培养及应用
	非选择图形	11	目的基因的获取、基因表达载体的构建 PCR	19题 基因工程

2. 2022年、2023年、2024年重庆生物学试题对比分析

2022年、2023年、2024年重庆生物学试题对比分析如下(表4-4)。

表4-4　2022年、2023年、2024年重庆生物学试题对比

考点	分值 2022	分值 2023	分值 2024	核心内容	情境实例	关键能力
生命的物质基础和结构基础	10	9	12	细胞器的结构与功能、细胞膜的结构与功能、组成细胞的分子、细胞的物质输入和输出	膳食指南、脂质体的应用、小肠上皮细胞转运铜离子的过程、海鱼鳃细胞跨膜转运蛋白的应用	理解能力 解决问题能力
代谢	20	14	14	细胞呼吸的原理及应用、光合色素的种类和功能、光合作用原理及影响因素、净光合作用、光合作用的产物	水稻光合作用过程中以及光照对产量的影响；黄连的种植与应用	理解能力 创新能力 解决问题能力
细胞的生命历程	6	6	3	细胞周期、细胞经历的生命历程、减数分裂过程、细胞坏死	硬骨鱼尾鳍再生的方向与机制	理解能力 探究能力 科学思维
遗传定律	6	7	19	自由组合定律的实质和应用、伴性遗传规律及应用、表观遗传、分子遗传、自由交配的计算、基因在染色体上的位置确定	罕见病遗传方式的判定、根据表型判断性别、分子遗传	理解能力 探究能力 解决问题能力
遗传信息的传递	5	4	0	中心法则、基因表达、DNA的复制	突变体番茄基因表达发生改变对乙烯合成相关基因的表达及乙烯含量的影响	理解能力 实验探究能力
变异与进化	2	3	2	基因频率的改变、细胞癌变、基因突变	控制扣手行为的基因频率计算	理解能力
人体内环境稳态与调节	14	16	19	血糖调节、水盐调节、糖皮质激素调节、免疫调节	雌激素与胰岛素(胰高血糖素)在血糖平衡方面的调节作用、切除免疫器官与免疫排斥反应的关系,二次免疫	理解能力 探究能力 解决问题能力

续表

考点	分值 2022	分值 2023	分值 2024	核心内容	情境实例	关键能力
植物生命活动的调节	4	3	3	植物生长调节剂的应用、其他植物激素的作用、生长素的发现过程、环境因素参与调节植物的生命活动	不同处理对乙烯的影响以及乙烯和生长素之间的关系	理解能力 实验探究能力 解决问题能力
种群生态学	2	2	0	种群密度、种群的概念、种群数量变化及原因分析	通过比较两地不同乔木径级结构,考查种群基本特征	理解能力
群落生态学	9	3	10	物种丰富度、优势种、群落的演替、种间关系	"同种负密度制约因素"的理解及应用	理解能力 探究能力 解决问题能力
生态系统生态学	0	10	3	生态系统的结构、能量流动的计算、提高生态系统稳定性的措施、生物入侵、水体富营养化	不同山系捕食者与被捕食者之间的关系	理解能力 解决问题能力
发酵工程	15	3	3	传统发酵技术的应用、微生物培养	利用选择培养基、影印法进行微生物的筛选	理解能力 实验探究能力
细胞工程	0	2	3	动物细胞培养、胚胎工程、植物体细胞杂交、植物细胞培养	利用动物细胞培养保护稀有物种	理解能力
基因工程	15	3	11	PCR、基因工程的基本操作程序、基因工程的应用	为提高大豆产量,对基因进行改造	理解能力 实验探究能力 解决问题能力
探究实验	31	29	55	根据曲线图、柱状图、表格分析实验的自变量、因变量,得出实验结论;根据实验目的选择合适的材料设计实验思路或完善实验步骤;根据实验完成由结果到原因的分析	探究玉米杂合雄性不育体出现的原因	实验探究能力 创新能力 解决问题能力

注:某些题目为综合考查,涉及多个考点,因此每年试题分值之和各不相等。

3.重庆生物学试题常考知识点总结

(1)生命的物质基础和结构基础:组成细胞的分子(微量元素、大量元素的影响)、细胞的结构和功能(某些细胞器的结构和功能、细胞器之间的联系及细胞膜结构、细胞的物质输入和输出)。

(2)代谢:光合作用(光饱和点、光合作用影响因素)、呼吸作用(细胞呼吸的过程)。

(3)细胞的生命历程:细胞的增殖、分化。

(4)遗传定律:遗传的基本规律(基因型的分析)、遗传系谱图(遗传方式的分析)。

(5)人体内环境稳态和调节:体液调节(激素的特点)、免疫调节(特异性免疫)。

(6)植物生命活动的调节:植物激素(植物激素的相互作用)。

(7)种群、群落、生态系统生态学:种群和群落(特征、数量变化、种间关系)、生态系统的稳定性、生物多样性及其保护。

(8)发酵工程:微生物培养。

(9)细胞工程:动物细胞培养(iPS细胞培养及应用)、植物细胞培养。

(10)基因工程:基因工程的基本操作程序(目的基因的获取、基因表达载体的构建)。

4.2024年重庆、广东、山东高考生物学试题对比分析

2024年重庆、广东、山东高考生物学试题对比分析如下(表4-5)。

表4-5 2024年重庆、广东、山东高考生物学试题对比

考点	分值 重庆	分值 广东	分值 山东	核心内容	关键能力
生命的物质基础和结构基础	12	2	6	细胞器的结构与功能、细胞膜的结构与功能、物质运输	理解能力 解决问题能力
代谢	14	11	13	细胞呼吸的原理及应用、光合色素的提取、种类和功能、光合作用原理及影响因素、净光合作用、光合作用的产物	理解能力 创新能力 解决问题能力
细胞的生命历程	3	0	2	细胞增殖分化、减数分裂过程	理解能力 探究能力 科学思维

续表

考点	分值 重庆	分值 广东	分值 山东	核心内容	关键能力
遗传定律	19	7	22	分离与自由组合定律的实质和应用、伴性遗传(ZW型)规律及应用、表观遗传、基因连锁	理解能力 探究能力 解决问题能力
遗传信息的传递	0	0	2	DNA的复制、探针	理解能力 实验探究能力
变异与进化	2	6	2	基因重组、染色体变异	理解能力
人体内环境稳态与调节	19	6	16	血糖调节、神经调节、体液调节、细胞免疫	理解能力 探究能力 解决问题能力
植物生命活动的调节	3	3	2	生长素及其他植物激素的作用、环境因素参与调节植物的生命活动	理解能力 实验探究能力 解决问题能力
种群生态学	0	0	5	种群密度的调查方法、种群数量变化	理解能力
群落生态学	10	9	9	物种丰富度、优势种、结构、种间关系	理解能力 探究能力 解决问题能力
生态系统生态学	3	8	2	生态系统的结构、能量流动的特点、提高生态系统稳定性的措施、信息传递、生物防治	理解能力 解决问题能力
发酵工程	3	9	4	微生物培养、分解尿素的细菌	理解能力 实验探究能力
细胞工程	3	0	3	动物细胞培养、胚胎工程、植物体细胞杂交、植物组织培养	理解能力
基因工程	11	7	12	PCR、基因工程的工具和基本操作程序、基因工程的应用、DNA粗提取及鉴定	理解能力 实验探究能力 解决问题能力
探究实验	55	30	20	根据曲线图、柱状图、表格分析实验的自变量、因变量,得出实验结论;根据实验目的选择合适的材料设计实验思路或完善实验步骤;根据实验完成由结果到原因的分析;评价实验	实验探究能力 创新能力 解决问题能力

针对以上对重庆、广东、山东高考生物学试题的分析可以看出,试题对内容和能力考查的共性较多,主要体现在以下四个方面:第一,这三份试题的细胞代谢、植物调节和群落生态学的分值相当;第二,对实验探究能力和创新能力的考查方式和内容载体相似;第三,多数试题重视对实验探究能力的考查;第四,重庆和广东试题都选用了"同种负密度制约"这一情境。

各省、直辖市试题也有自身特点。第一,分值分布:重庆高考题各考点分值分布比较均匀,广东高考题选择性必修1分值较少,山东高考题遗传定律的分值高于重庆和广东。第二,考点分布:重庆高考题中遗传信息的传递、种群生态学知识板块未涉及,而新教材中新增概念(如树突状细胞、组织相容性抗原、甲基化等)出现的频率高;广东高考题中细胞的生命历程、遗传信息的传递、种群生态学和细胞工程板块未涉及,对生命的物质基础和结构基础板块的考查很少;山东高考题各板块考点均有涉及。

三省、直辖市试题在实验中考查学生的实验探究能力、创新能力和解决问题能力。重庆高考题在很多知识板块均有考查,但多数都涉及新情境与实验探究相结合,对解决问题和实验探究能力要求更高,在选择题中体现明显。广东高考题在非选择题中体现更明显,以免疫调节、遗传规律与变异、植物激素调节及光合作用等知识为依托,单独对学生问题确定和实验设计方面进行考查。山东高考题侧重对于实验解释分析方面的考查。

二、试题中考查关键能力的实例分析

1.理解能力的考查

(1)考查对基本生物学现象、事实、规律的认知。

试卷一(2022年重庆试题,下同):第1题,考查植物细胞的结构和在光学显微镜下能观察到的细胞结构。学生需要在观察细胞实验中进行实际操作,才能准确深刻记忆(教学中注重学生实操实验)。第2题,以小肠绒毛上皮细胞吸收和释放铜离子的过程示意图为载体,考查物质跨膜运输的方式。学生知道跨膜运输的图示,明确几种运输方式的区别,即能正确解答(注重对经典图形的理解记忆)。

试卷二(2023年重庆试题,下同):通过图表信息题考查对坐标、流程图及模型图等符号的理解能力较多。第1题,考查细胞结构相关知识,突出对细胞器作用的记忆和理解。第2题,以几丁质科学研究为载体,考查识图理解、概念理解和细胞结构记忆。第8题,涉及坐标图和流程图,通过分析夜间光照和黑暗条件下血糖随时间变化而变化的坐标图,考查对实验数据的分析理解能力;通过分析夜间光照对血糖代谢影响的流程图,考查对血糖平衡调节的理解。第17题,第(2)小题结合坐标、题干文字以及第(3)小题,得出昆虫②数量降低的直接原因。第20题,图1以减数分裂过程照片的形式考查学生识图能力,检测学生减数分裂相关知识。

试卷三(2024年重庆试题,下同):

第1题,苹果变甜主要是因为多糖水解为可溶性糖,细胞中可溶性糖储存的主要场所是(　　)

　　A.叶绿体　　　　B.液泡　　　　C.内质网　　　　D.溶酶体

该题需要学生对植物细胞中各结构,尤其是细胞中重要细胞器如叶绿体、液泡、内质网等的结构与功能等教材基础知识准确记忆。

第15题,一种罕见遗传病的致病基因只会引起男性患病,但其遗传方式未知。结合遗传系谱图和患者父亲的基因型分析,该病遗传方式可能性最小的是(　　)

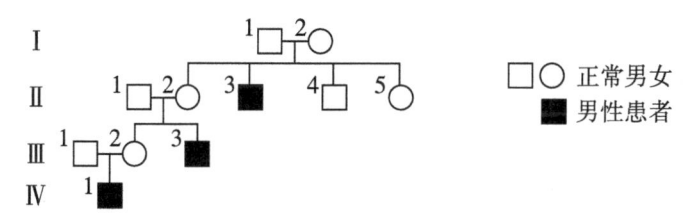

A.常染色体隐性遗传　　　　　　　　B.常染色体显性遗传

C.伴X染色体隐性遗传　　　　　　　D.伴X染色体显性遗传

该题以罕见病发病率为背景,考查学生对各种类型的遗传病发病率的掌握情况。首先根据题干中的关键信息——罕见病以及遗传系谱图中各代患病情况可推知该病为隐性遗传病,其次根据常染色体隐形遗传病的发病率低于伴X染色体隐性遗传病的发病率可推知系谱中可能性最小的遗传方式为常染色体隐性遗传。

(2)考查对身边的生物学现象的解释能力。

试卷一:第10题,登山后肌肉酸痛,一段时间后缓解,解释在该过程中内环境理化性质变化的原因和稳态的调节过程。学生须熟知登山时机体的代谢对内环境的影响,结合稳态的调节过程做出科学合理的解释。第22题,对水葫芦入侵前后的群落特征进行分析,解释沉水植物消失的原因。学生在理解影响沉水植物生长和水生动物生长的主要因素的基础上,合理解释该现象。

试卷二:第19题,根据野生型和突变体水稻的光反应和暗反应的数据,分析突变体水稻光合速率高于野生型的原因,以及田间遮蔽条件下突变体水稻产量低于野生型的原因,重点考查对图表的阅读分析能力,需要学生理解、掌握光合作用原理和影响光合作用的因素。

试卷三:第9题,白鸡(tt)生长较快,麻鸡(TT)体形大更受市场欢迎,但生长较慢。因此育种场引入白鸡,通过杂交改良麻鸡。麻鸡感染ALV(逆转录病毒)后,来源于病毒的核酸插入常染色体使显性基因T突变为t,生产中常用快慢羽性状(由性染色体的R、r控制,快羽为隐性)鉴定雏鸡性别。现以雌性慢羽白鸡、杂合雄性快羽麻鸡为亲本。下列叙述正确的是(　　)

A.一次杂交即可获得T基因纯合麻鸡

B.快羽麻鸡在F_1代中所占比例可为1/4

C.可通过快慢羽区分F_2代雏鸡性别

D.t基因上所插入核酸与ALV核酸结构相同

该题考查学生对自由组合定律与伴性遗传(基因在性染色体上)的掌握情况,以及对逆转录病毒与鸡遗传物质的比较。该题分析起点较低,根据表现型写出亲本相应的基因型,然后推断出子代基因型及其比例。

第16题,热带雨林是陆地生态系统中生物多样性最丰富的森林类型之一。

(1)用于区别不同群落的重要特征是_____,热带雨林独特的群落结构特征有_____(答一点)。

(2)群落的丰富度可用样方法进行测定,取样面积要基本能够体现出群落中所有植物的种类(即最小取样面积)。热带雨林的最小取样面积应_____(填"大于""等于"或"小于")北方针叶林。

(3)研究发现,热带雨林优势树种通过"同种负密度制约"促进物种共存,维持极高的生物多样性。

①下图所示为优势树种的"同种负密度制约"现象,对产生这种现象的合理解释是_____(填选项)。

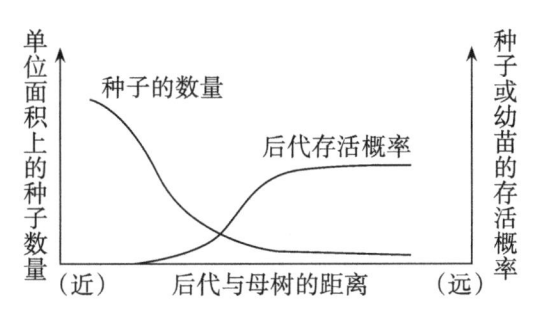

a.母树附近光照不足,影响幼苗存活

b.母树附近土壤中专一性病菌更丰富,导致幼苗死亡率上升

c.母树附近其幼苗密度过高时,释放化学信息影响幼苗的存活率

d.母树附近捕食者对种子的选择性取食强度加大,降低了种子成为幼苗的概率

e.母树附近凋落叶阻止了幼苗对土壤中水分和养分的吸收,降低了幼苗的存活率

A.abd　　　　B.ace　　　　C.bcd　　　　D.cde

②"同种负密度制约"维持热带雨林极高生物多样性的原因是_____。

(4)热带雨林是"水库、粮库、钱库、碳库",这一观点体现了生物多样性的_____价值。

2024年广东卷:第12题,Janzen-Connel假说(詹曾-康奈尔假说)认为,某些植物母株周围会积累对自身有害的病原菌、昆虫等,从而抑制母株附近自身种子的萌发和幼苗的生长。下列现象中,不能用该假说合理解释的是(　　)

A.亚热带常绿阔叶林中楠木幼苗距离母株越远,其密度越大

B.鸟巢兰种子远离母株萌发时,缺少土壤共生菌,幼苗死亡

C.中药材三七连续原地栽种,会暴发病虫害导致产量降低

D.我国农业实践中采用的水旱轮作,可减少农药的使用量

以上两道题材料信息相似,考查对新概念的分析和应用——"同种负密

度制约"因素的合理解释以及该因素导致生物多样性的原因。另外也考查了学生对教材基本知识的掌握情况,如出自选择性必修2教材中的概念,即物种组成是区别不同群落的重要特征等。

(3)考查在问题情境中进行分析、综合、归纳和演绎的能力。

试卷一:第20题,此题以医学应用中降低血友病发病率,进行极体筛查为问题情境,考查减数分裂过程和染色体变异的相关知识。此题考查的知识细节较多,涉及同源染色体的分离、姐妹染色单体分离、交叉互换等。考题设问时,要求学生先分析出极体所含相应基因的原因,再由原因推断出后代患遗传病的可能性。此题突出考查了学生思维的连续性,解答此题所需的分析、推理的思维量较大,非简单记忆背诵和刷题就能完成解答。第18题,以基因表达影响果蝇体型大小为情境,考查基因与基因间的相互影响。此题是一个新情境题,要求学生分析图中数据,通过认知加工后得出两种基因间的影响关系及第二种基因与控制的性状的关系,然后在此基础上再判断选项中的条件,由条件推断出果蝇体型的变化。此题特别突出了对学生图表信息的获取加工处理能力和图文间转换能力的考查,体现了课标中的较高层次的考查要求,即在新情境中解决问题的能力。

试题二:第18题,以流程图的形式展示了某些过敏性哮喘患者体内B细胞活化的部分机制,考生需要结合文字和流程图,把题干知识整合到过敏反应的原理中,完成肥大细胞被激活的过程;第(2)小题根据哮喘小鼠肺组织中多巴胺含量较对照组明显下降这一结果,结合对题干新情境的理解,推测多巴胺对ILC2细胞释放IL-4的作用,考查学生分析综合能力。通过比较注射多巴胺的哮喘小鼠和不注射多巴胺的哮喘小鼠两种类型,分析哮喘小鼠分泌物质的变化原因,考查学生对问题情境进行演绎推理的能力。

试卷三:第7题,肿瘤所处环境中的细胞毒性T细胞存在题图所示代谢过程。其中,PC酶和PDH酶控制着丙酮酸产生不同的代谢产物,进入有氧呼吸三羧酸循环。增强PC酶的活性会增加琥珀酸的释放,琥珀酸与受体结合可增强细胞毒性T细胞的杀伤能力,若环境中存在乳酸,PC酶的活性会被抑制。下列叙述正确的是(　　)

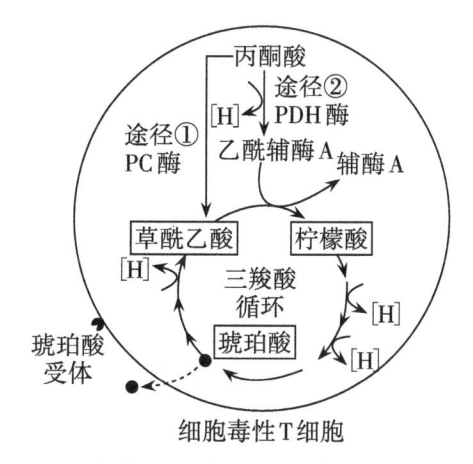

第四章 | 新高考生物学试题研究与应用

A.图中三羧酸循环的代谢反应直接需要氧

B.图中草酰乙酸和乙酰辅酶A均产生于线粒体内膜

C.肿瘤细胞无氧呼吸会增强细胞毒性T细胞的杀伤能力

D.葡萄糖有氧呼吸的所有代谢反应中至少有5步会生成[H]

该题着重考查学生理解能力,用已有知识——细胞呼吸(有氧呼吸和无氧呼吸)的三个反应阶段场所与过程对题干新材料进行判断与分析。

2.探究能力、应用能力的考查

(1)考查发现问题、提出问题、进行实验设计的能力。

试卷一:第12题,此题探究酵母菌的呼吸作用方式。题目要求学生对给出的8个装置进行选择组合,形成探究有氧呼吸和无氧呼吸的实验装置。此题重点考查了实验探究过程中进行科学实验设计的能力,不仅要求了学生明白相应的实验原理、条件,还特别突出地考查了实验装置的选择和合理搭配。学生若在平时学习的活动中有过此类的实践,此题相对容易,反之,则会有相当难度。

试卷二:第20题,第(2)小题利用现有的植株,通过将杂交获得的种子用于M基因的后续研究,让考生筛选杂交亲本基因型。本题综合考查学生的理解能力和实验设计能力。

试卷三:第8题,科研小组以某种硬骨鱼为材料在尾鳍(由不同组织构成)"开窗"研究组织再生的方向性和机制(如图所示),下列叙述不合理的是(　　)

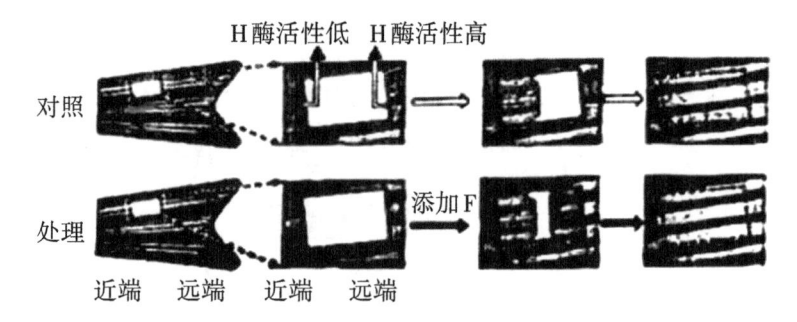

A."窗口"愈合过程中,细胞之间的接触会影响细胞增殖

B.对照组"窗口"远端,细胞不具有增殖和分化的潜能

C."窗口"再生的方向与两端H酶的活性高低有关,F可抑制远端H酶活性

D.若要比较尾鳍近、远端的再生能力,则需沿鳍近、远端各开"窗口"观察

该题以硬骨鱼尾鳍为实验材料,研究组织再生的方向性和机制,该题结合细胞增殖和分化有关概念,考查学生对实验现象的分析能力,以及通过设计实验解决新问题的能力。

第14题,某些树突状细胞可迁移到抗原所在部位,特异性识别主要组织相容性复合体,增殖后大部分形成活化的树突状细胞,小部分形成记忆树突状细胞。为验证树突状细胞的免疫记忆,研究人员用3种不同品系的小鼠(同一品系小鼠具有相同的主要组织相容性复合体)进行了如下图所示的实验。下列叙述错误的是( )

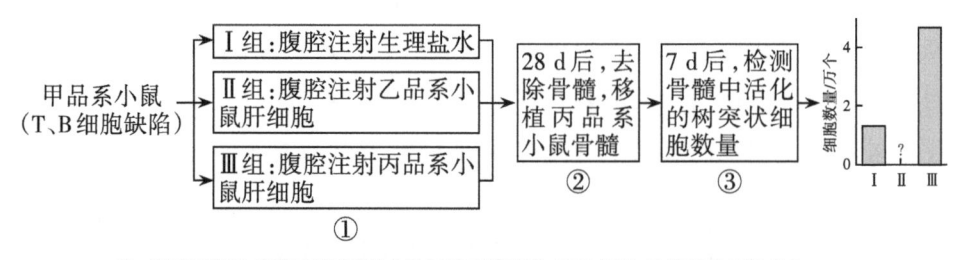

注:用于移植的骨髓已处理(其中的细胞不能产生免疫应答,只保留抗原结构)

A.树突状细胞的免疫记忆体现在抗原呈递功能增强

B.③中活化的树突状细胞可识别丙品系小鼠的抗原

C.Ⅱ组中检测到的活化树突状细胞与Ⅰ组相近

D.Ⅱ组和Ⅲ组骨髓中均可检测到记忆树突状细胞

该题以免疫为背景,通过实验验证树突状细胞的免疫记忆,考查学生对

实验过程的分析能力和对实验结果的预测能力。

(2)运用概念、原理、规律和方法对真实情境中的问题进行分析,提出解决问题的思路和方法。

试卷二:第17题,以一项生态系统的研究成果作为真实问题情境,考查考生分析问题、解决问题的能力。第(1)小题考查学生对生态系统的成分这个概念的理解运用。第(2)、(3)小题分析昆虫的食物种类和数量变化,要求学生能灵活运用群落种间关系的概念和原理,结合对坐标的理解,考查学生知识迁移、解决问题的能力。第(4)小题预测湿地生态系统5年以后的变化,考查学生对物种丰富度、群落结构、生态系统稳定性等相关概念的理解、掌握,要求学生进行逻辑推理,从而解决实际问题。

试卷三:第5题,科学家证明胸腺是免疫系统的重要组成(具体见下表),说法正确的是(　　)

分组	实验步骤		实验结果	
	步骤一	步骤二	成功率(%)	排斥率(%)
①	出生后不摘除胸腺	移植不同品系小鼠皮肤	0	100
②	出生后1—16 h摘除胸腺		71	29
③	出生后5 d摘除胸腺		0	100

A.①组排斥时不用辅助性T细胞参与

B.②组成功小鼠比排斥小鼠更易患肿瘤

C.③组使用免疫抑制剂可避免免疫排斥

D.根据所给信息推测,若出生后20 h摘除胸腺,再移植皮肤后不出现排斥

该题考查免疫排斥反应与免疫器官——胸腺的关系,根据实验材料判断是否摘除胸腺与摘除胸腺的时间对器官移植的成功率与排斥率的影响。

第13题,养殖场粪便是农家肥的重要来源,其中某些微生物可使氨氮化合物转化为尿素进而产生NH_3,影响畜禽健康。为筛选粪便中能利用氨氮化合物且减少NH_3产生的微生物,兴趣小组按图进行实验获得目的菌株(见下图),正确的是(　　)

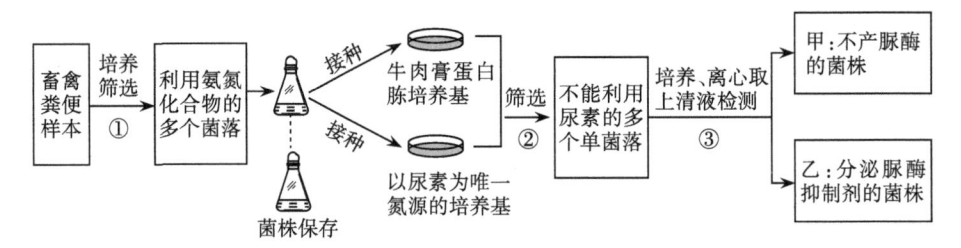

A.①通常在等比稀释后用平板划线法获取单个菌落

B.②挑取在2种培养基上均能生长的菌落用于后续实验

C.③可通过添加脲酶并检测活性,筛选得到甲、乙

D.粪便中添加菌株甲比乙更有利于NH_3的减少

该题以获取利用氨氮化合物且减少NH_3产生的微生物为背景,考查利用选择培养基进行微生物筛选的具体过程。在筛选过程中,学生需要熟悉并运用影印法的结果选出所需菌落。在全面理解整个筛选过程的基础上,进一步提出在实际生活中添加乙菌株的建议,以期更有效地减少NH_3的产生。此题旨在评估学生信息获取和问题解决的综合能力。

(3)创新能力的考查:联系生物学知识,服务于生产、生活和社会实践。

试卷一:第5题,以生活中合理均衡膳食对维持人体正常生理活动的影响为实例,考查学生营养和健康相关知识,引导学生关注营养与健康。第7题,结合生物学知识,考查肉类嫩化剂的保存条件、使用方法等知识,引导学生合理应用生物试剂服务于生产。第22题,考查学生对生态学知识的应用,提高其分析以水葫芦为代表的外来物种入侵所带来的危害,以及外来物种入侵后的生态修复这一社会问题的能力。

试卷二:第20题,利用基因工程服务农业生产,提出解决问题的实验思路。

对创新能力的考查方式是观察学生是否能够提出新的思路和方法,考查的课标内容主要为必修课程模块2概念3中的3.1.4,选择性必修课程模块3概念5中的5.2.1。

试题三:第10题,自然条件下,甲、乙两种鱼均通过体外受精繁殖后代,甲属于国家保护的稀有物种,乙的种群数量多且繁殖速度较甲快。我国科学家通过下图所示流程进行相关研究,以期用于濒危鱼类的保护。下列叙述正确的是(　　)

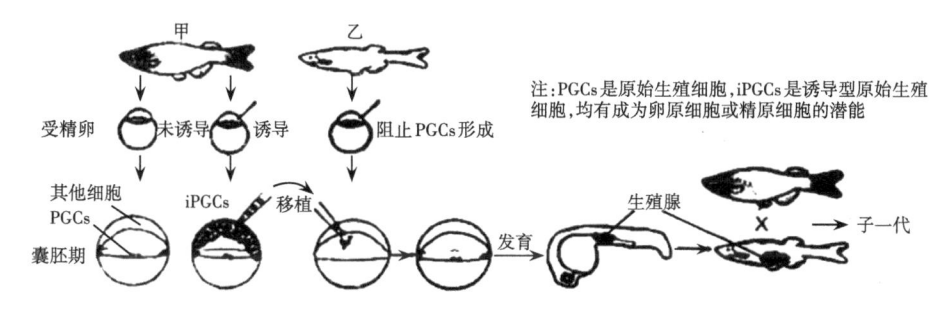

A.诱导后的iPGCs具有胚胎干细胞的特性

B.移植的iPGCs最终产生的配子具有相同的遗传信息

C.该实验中,子一代的遗传物质来源于物种甲

D.通过该实验可以获得甲的克隆

该题以濒危鱼类的保护为背景,考查学生对图形信息的获取能力,对动物细胞工程中干细胞概念的理解和应用,以及对减数分裂中产生的配子多样性的掌握。

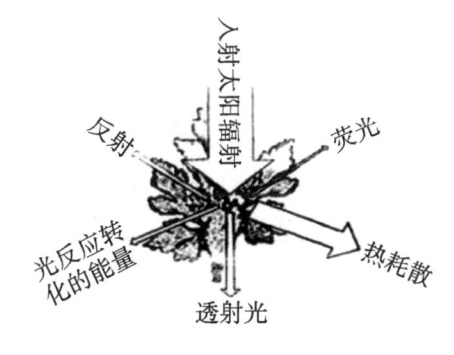

第18题,第(2)小题,黄连露天栽培易发生光抑制,严重时其光合结构被破坏(主要受损的部位是位于类囊体膜上的色素蛋白复合体)。为减轻光抑制,黄连能通过调节光能在叶片上各去向(如右图)的比例,提高修复能力等,具体可包括_____(多选)。①叶片叶绿体遮光运动,②提高光合产物生成速率,③增强自由基清除能力,④提高叶绿素含量,⑤增强热耗散。

该小题以石柱黄连种植中出现的光抑制现象为基础,结合研究结果提出解决问题即提高产量的技术措施。以黄连调节光能去向的研究成果为背景,提出通过改变光能去向,提升修复能力等防御机制的具体方案。该小题以多选的形式呈现,学生需要以教材光合作用原理和影响因素这一重要概念为基础,结合研究成果,提高其通过科学思维、科学探究解决社会实际问题的能力。

三、试题中体现的学科核心素养

通过对2022年、2023年、2024年重庆生物学试题考点分析,发现所考查的主干知识基本一致,各板块内容考查的分值较为稳定。2022年重庆试卷各板块分值:必修1为32分,必修2为22分,选择性必修1为18分,选择性必修2为11分。2023年重庆试卷各板块分值:必修1为26分,必修2为20分,选择性必修1为22分,选择性必修2为13分,选择性必修3为19分。2024年重庆试卷各板块分值:必修1为29分,必修2为19分,选择性必修1为22分,选择性必修2为13分,选择性必修3为17分。这表明考查内容与新课程标准联系紧密,以大概念为基础考查学生能力,渗透核心素养是高考的共性,分析试题中考查的学生能力和渗透的核心素养就非常重要。

1. 生命观念

生命观念是生物学科素养的重要组成部分,试题以不同的方式渗透了对生命观念的考查。重在考查对概念的理解或解释,透过生命现象或活动规律来提炼生命观念。

如试卷一中第2题以铜离子进出细胞的过程图来考查物质运输的相关知识。试卷二中第1、2题以物质合成为背景考查细胞结构和功能,渗透结构和功能观;第16、18题分别以细胞的生命历程和免疫调节过程为载体,渗透结构和功能观、稳态与平衡观。试卷三中第1、4题分别以细胞为载体考查了细胞器和细胞膜的结构与功能相适应的观点;第3题以航天重力环境为情境,通过神经调节和体液调节来考查稳态与平衡观;第6题以捕食者与猎物的体重关系为情境来渗透物质与能力观。对生命观念的渗透是试题的共性,实例很多,此处不再一一列举。

试题题干主要以文字的形式呈现,部分题目结合曲线图、示意图、过程图等方式综合考查生命观念。

2. 科学思维

高考生物学对科学思维的考查重在对试题的理解与分析,运用严谨思维与逻辑推理,对相关生物学事实及生物学现象能做出科学的判定与合理的预测。

如试卷一中第18题以新情境为背景,读取柱形图中的信息,分析两种基因表达的相互关系;第20题借助减数分裂的流程图,分析基因与染色体的关系。试卷二中第4题至第9题无论"由因归果"或"由果析因",均体现对科学思维的考查。试卷三中第5题讨论了小鼠胸腺摘除实验的结果;第11题探究了乙烯在番茄幼苗生长过程中的作用,分别体现了归纳与概括的科学思维;第8题利用鱼尾鳍"开窗"研究组织再生实验,体现了创造性的科学思维。

试题通常借助表格、流程图、柱形图等形式,结合生产实际设计情境,在情境中分析、推理、演绎,考查科学思维。

3.科学探究

对于科学探究类试题的考查主要集中在教材实验的再现、新情境探究实验、遗传学设计实验等类型,考查包含数据收集处理、图形分析、实验步骤完善、实验设计、方案实施、结果预测及结论分析等能力。

如试卷一中第12题探究酵母菌细胞呼吸方式的实验装置的选取;第23题呈现科研实验流程图及实验结果,探究类囊体实现能量转化的实质。试卷二中第4、6、8、11、14、15、19题设置真实情境,根据图表,分析处理数据,得出结论、做出预测。试卷三中第10、12、13、14题根据科学研究实验的真实情境,结合图形、表格、流程图、柱形图中的信息得出实验结论。

试题主要以科研实验流程图的形式出现,或直接呈现实验结果,结合文字信息、图形信息分析,考查学生利用科学思维进行科学探究的能力。

4.社会责任

对于社会责任的考查主要通过题目所内隐或渗透的有关理念、观念、态度及价值观等,让考生利用所学生物学知识、原理去解决、探讨当前社会议题,如健康生活、环境保护、生产实践、生活实际等中的生物学问题。

如试卷一中第10题以登山后出现腿部肌肉酸痛为情境,考查呼吸作用相关知识,指导健康生活;第22题以水葫芦入侵为情境,分析群落特征,引导学生关注环境保护。试卷二中体现社会责任的实例更多,如第8、13、14、16、18题关注健康生活,渗透社会责任;第9、17题通过环境保护渗透社会责任;第20题在生产实践和生活实际中渗透社会责任。试卷三中第3、4、18、19题等均体现了社会责任,其中第18题以重庆石柱的黄连为情境,结合光合作用相关知识探寻提高黄连产量的技术措施,此题结合重庆本地资源,尝试解决现实生活问题,彰显社会责任;第19题"民以食为天",以重要的粮油作物大豆为情境,结合基因工程相关知识来提高大豆产量,关注生物学知识在生产生活实践中的应用。

四、备考策略

1. 重视新老教材的变化

(1)新教材增加的内容:水的结构和特性;表观遗传;植物性神经;条件反射的建立和消退;水盐平衡调节;应激和应激反应;光、重力和温度等对植物生命活动的调节;生态位;荒漠化和土壤污染;现代发酵工程;蛋白质工程;等等。

(2)新教材增加的实验:DNA的粗提取和鉴定;利用PCR扩增DNA片段并完成电泳鉴定。

(3)新教材删除的内容及实验:细胞膜的选择透性(玉米胚染色实验);测交实验的模拟;探究花生果实大小的变异;种群的结构;果汁的制取及α-淀粉酶的固定化;亚硝酸盐含量的测定(光电比色法);等等。

2. 细研重点内容

(1)注重常考考点的讲解和梳理,与常考考点相关的细节也不能忽略。例如光合作用原理就是一个常考的考点,其中虽然光合作用的产物及其运输形式在教材的旁栏思考,但是在学习光合作用原理时也需强调该内容,帮助学生夯实基础。试题虽千变万化但总归立足教材,所以我们在拓展提升的同时不能忽略夯实基础,如研读教材环节。在教学中要重视梳理教材的大概念、重要概念和次位概念,建立各层次概念间的关联,形成知识网络,加深对大概念的理解。

(2)出现频率较低的考点,平时讲课过程中可以不做过多复习,考前集中过一遍即可。

(3)要特别重视专业名词的书写训练,建议考前对易错专业名词进行集中听写。例如:蔗糖、竞争、测交、类囊体薄膜、线粒体、溶酶体等。

3. 关注教材习题

教材课后习题和课前导读的问题探讨往往是我们容易忽略的内容,但是我们发现很多试题正是来源于此,因此教材习题的研读也很有必要。

4. 强化情境下分析、应用等综合能力的训练,注重科学思维的培养

(1)创设教学情境,强化知识掌握。教学过程中尽可能结合教材内容、学生需求、教学要求等,挖掘可进行情境构建的元素,为学生学习创设情境,便于学生针对各个知识板块内容和重难点进行深度学习和拓展延伸。在创设教学情境的过程中,广泛借鉴和利用学生日常熟知和感受过的生物图片、生物知识、生物内容,以此匹配教材中的相关图片、知识点。便于教学情境的创设过程可以匹配学生的生活经历,满足学生的学习需求。

(2)拓展选题命题方向,突破有效迁移。需要教师深化教材知识并多关注前沿研究动向,增加选题命题素材的新颖性,同时注意要有一定阅读量。在试题问题的设置上注意根据情境设问,设置问题循序渐进且有层次性,使学生在问题导向下达到足够的思维量和实现思维的连续性,以教材固有知识为底层逻辑,使学生实现有效知识迁移。

(3)精讲试题评析,感悟情境应用。在试题讲评时,教师着重注意引导学生体验情境创设的信息分析、图形图表的转换过程,学习如何将已知条件串联,构建解析模型,注意逻辑的完整性,感悟固有知识在情境中应用的方法。

5.培养学生的科学思维,增强科学探究能力

(1)课堂教学方面:现行的高考试题非常注重科学思维的考查,我们发现在高考试卷中实验数据的分析和处理、实验变量的分析、实验结果和结论的归纳的分值占比很高。因此教材中的实验教学应按课标要求保质保量完成。在进行实验教学时,教师以问题为导引,激活学生的探究意识,使其主动思考实验现象背后的原理,在分析问题、解决问题的过程中真正理解实验教学内容。

(2)选题命题方面:实验类试题的选题上,要侧重多个变量的实验。单一变量类的试题比较简单,出现频率较低,平时选题时应减少。自主命题时,可以参考最近的研究成果,选取前沿科学的新情境,联系高中教材有关的内容进行命题。这样可以拓宽学生的科学视野,也有利于老师们关注学科发展。

(3)习题讲评方面:在习题训练时,分类训练提升答题能力。例如根据多因素曲线图分析实验的自变量、因变量为一类,那么我们可以对这一类习题进行集中训练和讲解,形成解题技巧。另外还有根据多因素柱状图、数据表格等分析自变量和因变量,或者根据实验结果写出具体的原因,或者根据药物的使用效果推测作用机制等习题。总之在教学过程中应该特别重视实验分析类题目的分类,然后形成对应的解题技巧和思维,进而提高学生的科学探究能力。

6.关注高考真题和错题反思

(1)按考查知识点组合,分析考查方向。截至2024年,重庆进行自主命题已经四年,另外山东和广东卷的真题也具有参考价值。我们可以找出重合的知识点,分析考查的方式和方向,在教学过程中复习这个知识点时可以着重训练相似的题型。

(2)按能力要求组合,分析审答技巧。除了按照知识点组合外,还可以按照能力要求总结,进而分析答题技巧。比如考查逻辑推理和语言表达能力的题目,从"原因是……,依据……,作用机制……,实验思路……,实验步骤……"等方面,进行分类分析训练。

(3)按主要错因组合,突破定势思维。归纳学生平时练习题的错因,针对普遍容易犯错的原因进行训练。例如审题不完整、题目信息与现有知识冲突、语言表达不清晰等。针对这些错因,平时习题讲评时可以按照错因分类讲解。

(4)关注阅卷的细则,明确答题规范。我们应该告诉学生阅卷的规则,训练大家答题时抓给分点的习惯。但是要注意,不能仅仅抓给分点而忽略了答题规范。因为阅卷的细则也不是一成不变的,规范答题及明确给分点才是稳妥之策。

7.重视关键解题能力的培养

(1)阅读理解能力:阅读理解的关键环节是把握关键字、词、句,突破长句,养成良好的解题习惯,适时将文字转化为相应的图形或思维导图,及时将当前信息与相关的知识原理有效连接。

(2)符号理解能力:符号包括坐标图、模式图、实物图、流程图、系谱图和电泳图等专业符号。图表的解读不能离开相关文字的配合,必要时借助辅助线,看懂不同类型图表的总体含义,在此前提下再结合选项或设问优先从图表中提取关键信息。

(3)信息整合能力:现在题干中新情境给出的陌生信息多,并且大多晦涩难懂。在分析和解决问题时,应当将陌生信息纳入已学的概念原理中,严谨地构建现有信息之间的逻辑关系,并理性地连接题目中的信息与已学概念,以确保逻辑链条的完整性和准确性。

(4)实验设计能力:形成根据实验目的判断实验的性质和变量(自变量、因变量及其指标)的实验思路;根据自变量确定分组;根据提供的器材和结果预期方式确定因变量检测指标及方法;控制无关变量相同且适宜,防止其干扰自变量对因变量的影响。

(5)书面表达能力:一般填空的文字量少,要尽量做到准确、简练;长句子简答题要从设问角度把握答题规范;原因分析题要贯通"因-果",明确题中信息和书中原理;判断依据题要从已有信息中提取关键证据;结论得出题要从实验的自变量与因变量的关系中进行解读。

(6)思维认知能力:第一,归纳与演绎思维。新情境试题解题时,普遍要求学生具有归纳与演绎思维,即从一个特殊的个例现象(生物学事实)归纳到所学的一般知识(生物学概念),再从一般知识进行演绎以实现对这个案例的解释或推测;遗传题解题时,普遍要应用到归纳与演绎思维。第二,批判性思维。创新性试题要求创设合理情境,设置新颖的试题呈现方式和设问方式,让考生在新颖或陌生的情境中主动思考,完成开放性或探究性任务,从发现新问题、找到新规律、得出新结论的水平进行测量或评价。

五、成果报告运用方案

高考生物试题分析成果报告是对历年高考重要省市的生物试题进行深入研究后形成的重要参考资料。它包含了试题的特点、趋势、考点分布及难度分析等内容,对于指导高中生物教学、优化学生备考策略及提高高考生物成绩具有重要意义。

1. 运用目标

(1)指导教师科学备考,提高教学效率。

(2)帮助学生明确学习重点,优化学习策略。

(3)促进学校生物学科的教学改革与发展。

2. 运用策略

(1)教师培训。参与试题分析研讨会的教师们返回各自所属学校,并着手组织举办试题分析讲座,此举旨在系统分享本次活动成果报告,通过知识共享和经验交流的方式,进一步巩固和提升教师群体在应对高考生物试题方面的专业素养和能力水平;组织教师参加生物试题分析成果报告解读培训,深入理解报告内容,掌握分析方法和技巧。

(2)教学指导。根据报告中的考点分布和难度分析,调整教学计划,确保教学重点与高考要求相匹配;结合报告中的试题特点,设计具有针对性的教学案例和练习题,帮助学生熟悉高考题型和解题思路;运用数据分析方法,对学生的生物成绩进行跟踪评估,发现存在的问题并提出改进措施。

(3)学生辅导。将生物试题分析成果报告中的关键信息提炼成简洁明了的资料,供学生查阅和学习;指导学生根据报告中的考点分布和难度分析,制定个性化的学习计划,明确学习重点;通过模拟考试和练习题,帮助学生熟悉高考题型和解题思路,提高应试能力。

（4）教学改革。根据生物试题分析成果报告，推动学校生物学科的教学改革，优化课程设置和教学内容；加强实验教学和实践教学，提高学生的实践能力和创新能力；建立生物学科教学资源库，收集、整理、分享优质的教学资源，提高教学质量。

（5）保障措施。建立高考生物试题分析成果报告运用的长效机制，确保报告内容得到充分利用；加强与高考命题机构、教育研究机构等的交流与合作，及时获取最新的高考信息和教学研究成果；定期对高考生物试题分析成果报告的运用情况进行评估和总结，发现问题并及时改进。

本方案通过教师培训、教学指导、学生辅导、教学改革和保障措施等策略，充分发挥高考生物试题分析成果报告的价值。通过实施本方案，可以指导教师科学备考、帮助学生明确学习重点、促进学校生物学科的教学改革与发展。同时，加强保障措施的实施，确保高考生物试题分析成果报告得到充分利用。

高中生物学
概念进阶

第五章
历练总有成，
百川汇成海

第一部分 | 论文

基于"做中学"的高中生物实验深度学习

重庆市璧山中学校　　肖轶

【摘要】 结合"做中学"的研究基础和概念,本研究探讨了"做中学"在高中生物实验教学中对学习效率的影响和"做中学"在深度学习中的具体方式。研究发现"做中学"在生物实验教学中能有效提高学习效率,不同层次的班级在应用"做中学"进行教学时的具体实施方式应有差异。研究提出了应用"做中学"进行生物实验深度教学的具体模式,力求"做得真实、学得真切",注重在"做中学"中有针对性地提升不同层次学生的生物学核心素养。

【关键词】 做中学;生物实验;深度教学;学习金字塔理论

深度学习提倡主动性、批判性的有意义学习,表达了一种对学习本质的认识,深度学习要求学习者在真实社会情境和复杂技术环境中更加注重批判性地学习和反思,通过深度加工知识信息、深度理解复杂概念、深度掌握内在含义,主动建构个人知识体系并有效迁移应用到真实情境中以解决复杂问题,最终促进全面学习目标的达成和高阶思维能力的发展。深度学习的深度的重要表征是:应该使知识保持长久并能应用。国内关于深度学习大多以理论研究为主,实证成果较少。学科教学中结合课程内容采用合适的学习方法实现深度学习,是教学实践中的重要课题。"学习金字塔理论"中提出,"小组讨论""做中学""教别人"是最有效的三种学习方法。"做中学"教学法的基本要义在于,以学生活动来架构课程,以直接经验的获得为核心旨趣,在情境化的教学场域中,通过学生的各种"做"——观察、实验、探究、劳作、游戏等来组织实施教学。"做中学"教学法既可以看作是一种教学原则,也可看作是一种教学方法。

高中生物实验教学是生物学科的重要内容,其实践、观察、探究等步骤,更适合采用"做中学"的学习方法。研究和探讨将"做中学"应用于高中生物实验深度学习,实证"做中学"开展过程的有效性,并在实验教学中提炼"做中学"的具体实施策略,必然是一个值得深入研究和探讨的问题。

一、"做中学"的研究基础和概念界定

"做中学"由杜威提出。杜威的教育思想是以实用主义哲学为基础的,认为人们应当从做事里面求学问。他强调指出人们最初的知识,最能令人永久不忘的知识是关于"怎样做"的知识。他把它贯穿在教学领域的各个方面,诸如教学过程、课程、教学方法、教学组织形式等,都以"做中学"的要求为基础。他主张教学应从学生的经验和活动出发,使学生在学习中采用与儿童和青年在校外从事的活动类似的形式。要求学校科目相互联系的真正中心,不是科学,不是文学,不是历史,不是地理,而是本身的社会活动。学校要设置车间、实验室、农场等让学生在活动中学习实际知识和技能。

美国的国家训练实验室在探究不同学习方法对学习效率影响的过程中,通过大量的实验,得出一系列的实验结果,从而构建出"学习金字塔理论"。学习金字塔(learning pyramid)堪称教育界特别是媒体教学领域的一个经典理论,学习金字塔广为人知的内容是以实际演练("做中学")的方式能记住学习内容的75%。

结合杜威的思想和"学习金字塔"理论,理解"做中学"是指在社会实践活动或者实验操作中学习。从对"做中学"的研究中不难看出,"做中学"是实现深度学习的有效方法。在实现高中生物实验深度学习的"做中学"的具体研究中,重点研究"做中学"的实施方式、学习效果、适用条件及优缺点。结合教学实践,"做中学"的实施方式常分为边做边学和先学后做两种类型。这两种常见的实施方式在应用过程中的差异通过具体的课堂教学实践来体现。

二、"做中学"教学实践与效果对比

1. 教学实验概述

基于生物学实验探究"做中学"深度教学方式,考虑学生情况、该课题实施的连贯性、实施的季节、实验室条件等因素,选取了两个实验——"腐乳的制作""泡菜的制作"。这两个实验难度相当,属于同一个章节的内容,实验安排在连续的两个星期,让学生能充分参与,同时达到连续观察的目的。

2.设计思路

采用对照实验比较不同实施方式的教学效果,分为空白对照、自身前后对照、相互对照。

(1)对照实验的过程设计。

在水平一致的班级中选取3个班分成3组。

第一组采用常规传统授课法,以教师讲解为主,只讲课不做实验。

第二组学生先利用资料自学,然后在实验室结合实践应用巩固知识点,做到"做中学""学中做",老师在学生实验过程中为学生答疑解惑并对相关内容进行总结归纳。

第三组采用先讲授再"实际演练"的模式,让学生通过实践操作来巩固所学知识。

(2)学习效率的检测。

每一组以期末考试成绩作为前测平均分,实验结束一天后检测一次,两周后再检测一次。检测试题总分如不是100分,最后结果统计时换算成100分制再进行计算。为了衡量学生阶段性的能力值,实验中将前测平均分看成衡量学生的最初学习能力的标准。实验一天后检测的成绩减去前测成绩再除以前测成绩作为掌握率的衡量指标;实验两周后检测的成绩减去前测成绩再除以前测成绩作为持久率的衡量指标;掌握率和持久率一起构成了衡量学习效率的标准。

第一组为空白对照,探究"做中学"的两种实施方式和传统讲授教学有无区别;第二组和第三组相互对照,探究"做中学"的两种实施方式的效果差别。为减少实验误差,同时探究学习能力不同的学生的实施效果,在高二年级的两个层次(记为A、B层)的班级中分别选择3个班进行实验。两个实验得到的数据取平均值计算出最终的实验结果。

(3)实验结果。

见表5-1、表5-2的实验结果,其中"掌握率=(后测成绩-前测成绩)/前测成绩"。

表5-1 A层结果

组别	项目					
	前测平均分	实验一天后检测平均分	实验两周后检测平均分	一天后掌握率/%	两周后掌握率/%
A层第一组	72.6	80.2	62.9	10.47	−13.36
A层第二组	70.9	81.7	66.1	15.23	−6.80

续表

组别	项目				
	前测平均分	实验一天后检测平均分	实验两周后检测平均分	一天后掌握率/%	两周后掌握率/%
A层第三组	73.2	83.5	67.4	14.07	-7.92

表5-2 B层结果

组别	项目				
	前测平均分	实验一天后检测平均分	实验两周后检测平均分	一天后掌握率/%	两周后掌握率/%
B层第一组	61.3	73.8	53.6	20.39	-12.56
B层第二组	59.7	75.0	55.1	25.63	-7.71
B层第三组	60.3	76.9	58.8	27.53	-2.49

根据以上事实得到以下总结：第一，无论是边做边学还是先学后做，两种实施方式的掌握率和持久率都高于空白对照组，说明都能够提高学习效率；第二，不同层次的学生适合的实施方式并不相同，基础较好且能力较强的学生（A层）采用边做边学的方法更有效，基础一般且能力较弱的学生（B层）采用先学后做的方法更有效。

通过实验表明，无论采用哪种方式，"做中学"都能提高学习效率，在具体实施中针对不同层次的学生应采用不同的实施方式。在具体的高中生物实验教学中，基于课程标准合理应用"做中学"来提高学习效率，实现高中生物实验深度教学，提升学生核心素养，显然是行之有效的途径。

三、"做中学"在高中生物实验深度教学中的应用

经过大量的实践研究和探讨，总结出"做中学"在高中生物实验深度教学中的具体应用模型，如图5-1所示。

```
教师初设实验的改进与拓展
         ↓
    学生预习与质疑  →  标明疑惑并形成问题  →  材料常见
         ↓                                  →  原理常规
    实验操作与探讨  →  "五常"原则          →  过程常新
         ↓                                  →  结果常显
    实验总结与交流  →  交流实验改进与拓展,   →  目的常有
                       做出分析和评价
```

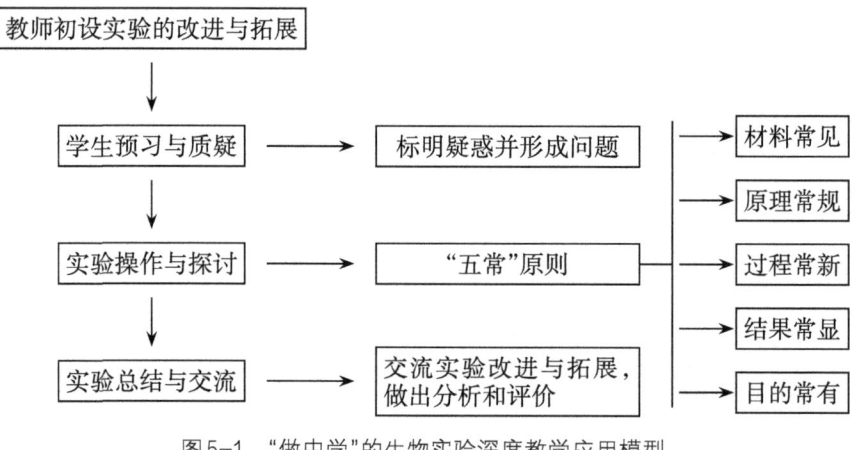

图5-1 "做中学"的生物实验深度教学应用模型

1. 教师初设实验的改进与拓展

为了更深刻地剖析实验,达成实验所要求的知识目标、能力目标,教师在课前认真实施实验操作,并在操作和分析的基础上提出实验的改进和拓展方向。结合学情和实验室条件,梳理实验中有价值的改进和拓展,并将其融入实验中,引发学生思考和反思实验设计,提高学生科学探究和科学思维的能力,达成学习目标。

2. 学生预习与质疑

学生利用教材或其他资料熟悉实验,形成对实验的初步认知,为后续的实验开展打下基础。预习时标明实验中有疑惑的内容,并形成问题以便讨论。

3. 实验操作与探讨

实验操作前探讨预习时的疑惑点,为实验操作减少障碍。在实验操作中记录操作的难点和疑惑点,并随时交流探讨。实验操作中遵循实验的"五常"原则,即"材料常见、原理常规、过程常新、结果常显、目的常有",针对性地进行探讨,提出实验改进与拓展的方法。实验的"五常"原则简述如下。

(1) 材料常见:用生活中常见的实验材料做实验,更能引起学生兴趣。

(2) 原理常规:实验原理源于基础的理论,这些理论涉及物理、化学等不同的学科,不同层次和不同学科组合的学生,对实验原理的理解能力有较大的差异。在实验中结合学情引导学生深入理解或拓展实验的原理,有利于学生养成跨学科思维习惯并提升其科学思维能力。

(3) 过程常新:随着基础实验操作水平的进步和知识的更新,实验用到的方法或操作过程并不一定是最佳的选择。在原有实验的基础上进行改进,甚至推陈出

新,提出新的实验操作过程,有利于锻炼解决实际问题的能力,提升科学探究水平。

(4)结果常显:在实验中,实验结果能直接反映实验原理的科学性和实验设计的合理性。合理的检测或判断结果的方法,能够让实验结果更加明显,或者将定性的结果检测改为既定性又定量的结果检测,更加有利于学生探究能力的培养,提高学生的创新能力。

(5)目的常有:分析实验操作中的原理和方法,预设新的实验目的并完成实验设计和实验操作,以此拓展实验原理和方法的应用范畴,培养解决实际问题的能力从而培养社会责任。

4.实验总结与交流

重点对实验中的改进和拓展进行总结与交流,结合学生情况和教师在初设实验改进和拓展中获取的资料,对总结和交流做出分析评价。

深度学习是引导学生掌握严谨学术内容的学习。深度学习"深"在学生参与,"深"在学习任务的高挑战性,"深"在批判能力的养成,"深"在核心素养和高阶思维的培养。深度学习既指学习的结果,也指学习的过程。

在"做中学"的生物实验深度教学中,问题源于对"做"的过程的思考,提高源于对"做"的过程的积极参与,升华源于在实验过程中的交流和评价,重点在于学生核心素养的养成,让"深"落实在课程实施的每一个环节中。在实验深度教学过程中,"做中学"让学生做得真实、学得真切,教学中的一切源于学生在实践中的思考,可以尽可能降低学情对课程实施的影响,对生物学核心素养的养成具有积极的意义。

在"做中学"中提高学习效率往往需要大量的时间,如果把提高学习效率看作是效益和效率两个方面的提升,"做中学"对效益的提升是毋庸置疑的,但如何在提高学习效益的同时提高效率是仍须进一步研究的课题。

参考文献:

[1]张浩,吴秀娟.深度学习的内涵及认知理论基础探析[J].中国电化教育,2012(10):7-11.

[2]吴永军.关于深度学习的再认识[J].课程·教材·教法,2019,39(2):51-58.

[3]章青.根据学习金字塔理论优化课堂教学行为[J].生物学教学,2016,41(2):30-32.

高中生物实验教学中渗透"立德树人"的实践思考

重庆市璧山来凤中学校　吴林居

【摘要】 目前,在我国高中生物实验教学中,教师在对学生进行实验操作的教学时往往注重知识的传授和技能的训练,而对"立德树人"较为忽视。这就导致学生在实验操作过程中,无法真正地将所学知识运用到实际生活当中,也不利于学生核心素养的落地生根,实现真正意义上的"立德树人"目标。本文对高中生物实验课堂中"如何达成立德树人任务"展开研究,探索出在高中生物实验课堂中渗透"立德树人"的四大有效策略,旨在推动生物课程教学与德育的多元化开展,确保德育渗透的广度和深度。

【关键词】 生物实验教学;立德树人;渗透策略

党的十八大提出,"把立德树人作为教育的根本任务,培养德智体美全面发展的社会主义建设者和接班人"。党的十九大报告进一步强调"要全面贯彻党的教育方针,落实立德树人根本任务"。在新课程改革逐渐深入的新时期,国家对于高中生物教学的要求逐渐提高,教师需要在教育教学中融入德育,引导学生树立正确的思想价值观念。因此,教师在进行生物实验操作教学时,应当注重渗透"立德树人"思想,将其渗透到具体的实验操作当中,并让学生将所学知识运用到生活实践当中。

一、高中生物实验课堂中渗透"立德树人"的必要性

新课程改革的推进,使得高中生物教学更加注重于学生核心素养的培养。而在高中生物实验课堂中渗透"立德树人"思想,是培养学生核心素养的重要途径,也是提高学生综合素质的必要措施。通过对高中生物实验课堂进行科学渗透,可以有效地帮助学生树立正确的价值观,培养正确的人生观和世界观,从而有效地提高学生的生物核心素养。

二、高中生物实验课堂中渗透"立德树人"的有效策略

1.引入情境,激发学生的探究兴趣

新课改下的高中生物实验教学不仅是对学生知识技能的训练,同时也是对学

生科学探究能力、创新精神等的培养。在生物实验课堂中，教师应当积极地引入情境，激发学生的探究兴趣，使学生在探究过程中不仅能够提高自身的实验操作能力和知识应用能力，同时也能够养成良好的品德。例如，教师在对"探究植物细胞的吸水和失水"实验进行教学时，可以引导学生分组进行实验，并以小组为单位交流实验过程、结果和结论。当学生汇报完毕之后，教师便可以询问学生："你们观察到了什么现象？"学生可能会说："植物细胞失水后体积会缩小，细胞液颜色变深了。"也可能说："植物细胞吸水后体积增大了，并且细胞液颜色变得更浅了。"这时，教师便可以继续引导学生思考："那么你认为造成这些现象的原因是什么呢？"通过这种方式就能够将"植物细胞吸水后体积增大"这一现象的本质充分地挖掘出来。接着教师便可以继续提问："那么我们应该如何让植物能够获得更多的养分但又不会发生'烧苗'现象？"通过真实的问题情境引导学生设计实验探究植物细胞的细胞液浓度，教师可以从中引导他们："在平时生活中我们要学会如何爱护植物、合理施肥等方面的知识，这样不仅能够使我们自身的生活更加美好，同时也能够使我们的生活环境更加和谐美好。"通过这种方式就能够有效地激发学生的探究兴趣，使学生能够在实验操作过程中保持良好的道德品质和正确的价值观念。

2. 科学探究，培养学生的创新精神

在高中生物实验教学中，教师应该创设各种情境，将学生置身于教学活动中，让学生在实践中发现问题，并在教师的引导下分析问题、解决问题，并能积极主动地参与到实验过程中来。例如，在"观察植物细胞的有丝分裂"的实验中，教师可以让学生分组进行探究学习。教师可以提出一些问题：为什么用两个玻璃片做实验？为什么要先用低浓度的醋酸去处理植物细胞？这样的问题，能够引导学生积极思考，并展开想象，从而培养学生的创新精神和实践能力。此外，教师还可以让学生去探究为什么要用醋酸溶液来处理植物细胞，让他们结合生活实际和教材内容进行思考。通过这样的探究活动，学生能够养成严谨求实的科学态度，也能培养他们的创新精神和实践能力。在高中生物实验教学中，教师要树立正确的学生观，使学生积极主动地参与到实验中去，同时还要注重培养学生的创新精神。教师应该树立正确的教育理念，尊重学生的主体地位，将"立德树人"融入生物实验教学，以提高生物实验教学质量。

3. 规范实验操作，提升学生的科学素养

在高中生物实验课堂教学中，教师需要帮助学生培养严谨细致、实事求是的科学态度,使他们掌握正确的科学方法和技能。同时,还需要帮助学生养成良好的实验习惯,提高他们的科学素养。如在进行"观察洋葱表皮细胞"的实验时,教师可以让学生先学会观察洋葱表皮细胞的形态、大小、颜色、结构等,然后再通过对洋葱表皮细胞的观察来认识洋葱表皮细胞。

在具体教学中,教师可以引导学生从以下几个方面入手。第一,学生需要准备好实验所需用品:一块载玻片、一支镊子、一个放大镜、一瓶清水等。第二,教师要引导学生掌握使用显微镜的基本步骤,如认真阅读使用说明书,将显微镜调节到合适的位置,对显微镜进行全面清洁和消毒,等等。在此过程中,教师提醒学生一定要细心认真地完成每一个实验步骤。在实验操作过程中,教师需要引导学生仔细观察洋葱表皮细胞的形态、大小、颜色、结构等特征,同时还要认真记录下实验步骤以及实验现象。这样做不仅能帮助学生掌握实验技能,还能培养他们严谨细致的科学态度。

4. 提升教师素养,奠定"立德树人"教学基础

首先,教师要充分了解并掌握生物实验课程相关的知识和技能,只有这样才能保证实验课程的顺利进行,在课堂上才能更好地传授给学生相关知识;其次,教师要对学生进行相关的引导和教育,让学生掌握好生物实验相关的知识与技能;最后,教师要不断提升自身的综合素养,能够通过自身的行为潜移默化地影响学生,帮助学生树立正确的价值观和人生观。总之,"立德树人"理念对高中生物实验课程有着十分重要的意义,教师在进行生物实验课程教学时应不断地将"立德树人"渗透到生物实验课程教学当中,以此来提高生物实验课程教学效率。

三、结语

在新课程标准的指导下,对高中生物实验课堂中"立德树人"的培养提出了更高的要求。生物教师在开展高中生物实验教学时,应当主动地将"立德树人"渗透到实验课堂当中,从而有效地促进学生生物核心素养的发展。同时,教师还应当积极地利用一些情境化的实验教学方式,充分地将"立德树人"渗透到实际的生物实验教学过程当中。最后,教师还应当在进行实验教学时,注重对学生创新能力和实践能力的培养。

参考文献：

[1]周民民.高中生物实验课堂中"立德树人"的渗透策略[J].教育艺术,2023(2):14-15.

[2]张家红.基于立德树人的高中生物教学探究[J].山海经:教育前沿,2020(26):310.

[3]刘芸.高中生物教学中立德树人理念的践行[J].文理导航,2020(8):61.

基于"双减"视野的生态文明教育
——以"保护生物的多样性"为例

重庆市璧山区教师进修学校　　杨江冰

【摘要】 在"双减"政策背景下,生态文明教育成为提升学生综合素养的重要途径。本文以人教版八年级生物课程中"保护生物的多样性"为例,结合课程标准与学科核心素养,设计了一套融合探究实验、数学模型建构、案例分析及实践活动的教学方案。通过分析生物多样性的内涵、价值及其面临的威胁,引导学生理解保护生物多样性的重要性,并借助手抄报、宣誓活动等实践形式强化社会责任意识。教学实践表明,该方案能够有效提升学生的科学思维、实践能力及生态保护责任感,为"双减"政策下生态文明教育的创新发展提供了可行路径。

【关键词】 "双减"政策;生态文明教育;生物多样性保护;核心素养

一、主题概述

《国家教育事业发展"十三五"规划》在"立德树人"任务里明确提出了"增强学生生态文明素养""强化生态文明教育"的要求。在全面落实"立德树人"根本任务的教育现代化实践目标下,生态文明教育可作为"立德树人"的重要内容和实践推手。在"双减"的政策背景下,生态文明教育既有相对宽松的环境、可充分发挥的时间和空间,又能在学生学业负担减轻时,保障其综合素养和实践能力的水平。本文以"保护生物的多样性"为例,设计"双减"视野下的生态文明教育的课堂与实践。

二、解读课标,聚焦生物学概念

新课程标准对本节课的内容要求是清楚"我国拥有丰富的动植物资源,保护生物的多样性是每个人应有的责任",具体分析如图5-2所示。

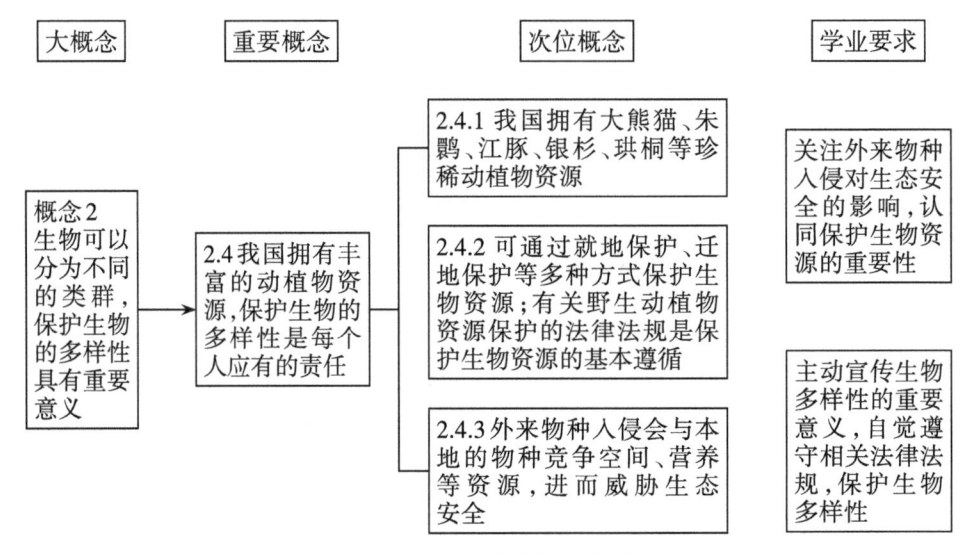

```
大概念              重要概念           次位概念                          学业要求

                                  2.4.1 我国拥有大熊猫、朱
                                  鹮、江豚、银杉、珙桐等珍           关注外来物种
                                  稀动植物资源                      入侵对生态安
                                                                   全的影响,认
概念2                2.4 我国拥有丰    2.4.2 可通过就地保护、迁        同保护生物资
生物可以             富的动植物资       地保护等多种方式保护生         源的重要性
分为不同             源,保护生物的     物资源;有关野生动植物
的类群,             多样性是每个       资源保护的法律法规是保         主动宣传生物
保护生物             人应有的责任       护生物资源的基本遵循           多样性的重要
的多样性                                                             意义,自觉遵
具有重要                              2.4.3 外来物种入侵会与本       守相关法律法
意义                                 地的物种竞争空间、营养         规,保护生物
                                    等资源,进而威胁生态           多样性
                                    安全
```

图5-2 课程标准分解图(部分)

三、教材分析及设计思路

本章"保护生物的多样性"是人教版八年级上册第六单元"生物的多样性及其保护"的最终学习目标。本章旨在帮助学生理解保护生物多样性的重要性,并指导他们通过实际行动支持这一目标。了解生物多样性有助于对其进行保护和合理利用,是可持续发展的重要组成部分。本章强调生物核心素养的培养,但考虑到篇幅和学生的认知水平,本节课的教学应侧重于认识生物多样性面临的威胁及其原因,并参与保护宣传和行动。例如,"设计并安放人工鸟巢或饲喂器"的活动被改为"手抄报"和"宣誓",以适应课堂环境。通过建构知识框架,帮助学生理解核心概念及其联系,并应用于真实情境问题的分析和解决。

真实开放的情境有助于学生核心素养的培养,特别是与生物学相关的社会热点问题。本节课通过学生熟悉的动植物园创设情境,让学生分析生物多样性的内涵和价值,并通过模型建构理解生物多样性与人类生存和发展的关系,体会生物学学习方法的多样性。同时,分析生物多样性面临的威胁,并采取措施进行保护(图5-3)。

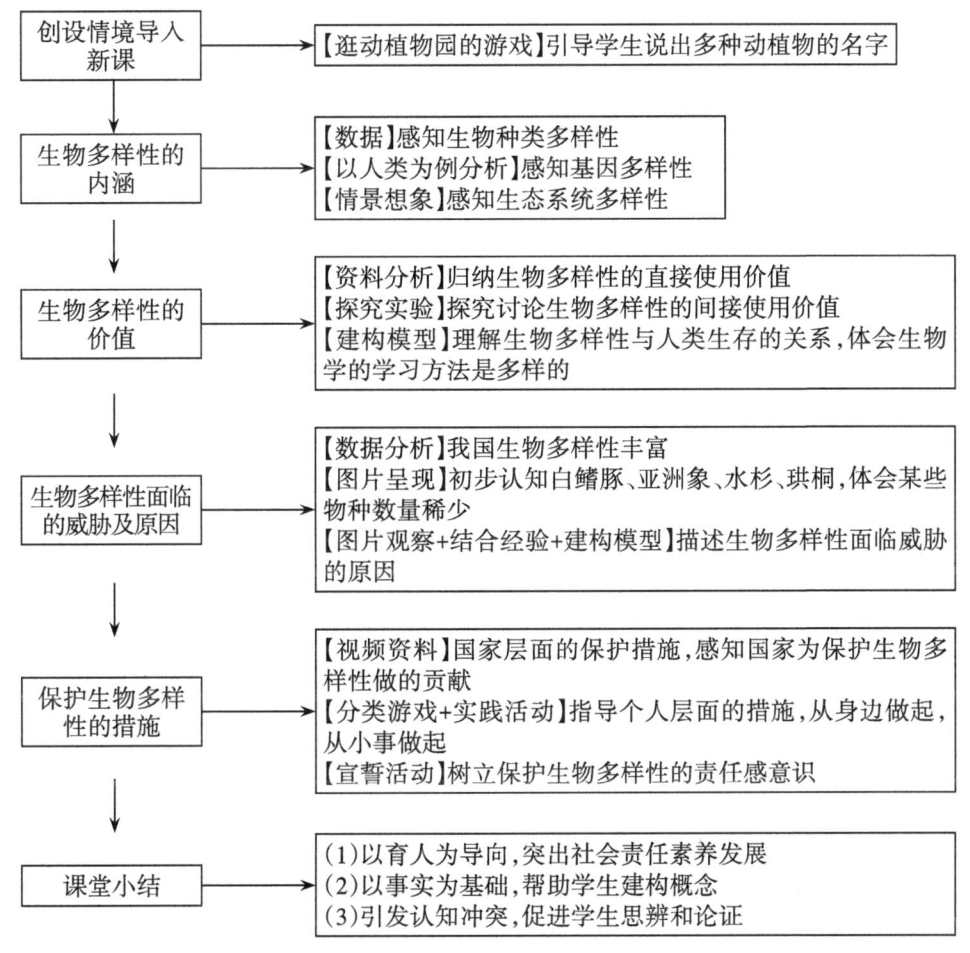

```
创设情境导入     【逛动植物园的游戏】引导学生说出多种动植物的名字
新课
    ↓
生物多样性的     【数据】感知生物种类多样性
内涵            【以人类为例分析】感知基因多样性
                【情景想象】感知生态系统多样性
    ↓
生物多样性的     【资料分析】归纳生物多样性的直接使用价值
价值            【探究实验】探究讨论生物多样性的间接使用价值
                【建构模型】理解生物多样性与人类生存的关系,体会生物
                学的学习方法是多样的
    ↓
生物多样性面临   【数据分析】我国生物多样性丰富
的威胁及原因    【图片呈现】初步认知白鳍豚、亚洲象、水杉、珙桐,体会某些
                物种数量稀少
                【图片观察+结合经验+建构模型】描述生物多样性面临威胁
                的原因
    ↓
保护生物多样     【视频资料】国家层面的保护措施,感知国家为保护生物多
性的措施        样性做的贡献
                【分类游戏+实践活动】指导个人层面的措施,从身边做起,
                从小事做起
                【宣誓活动】树立保护生物多样性的责任感意识
    ↓
课堂小结        (1)以育人为导向,突出社会责任素养发展
                (2)以事实为基础,帮助学生建构概念
                (3)引发认知冲突,促进学生思辨和论证
```

图5-3 教学流程图

四、教学目标

基于课程标准的内容要求、学业要求和学业质量标准,并围绕培养学生核心素养的要求,制定如下教学目标:

(1)通过图片和资料分析,理解生物多样性含义,总结其直接价值;结合探究实验和地理学,讨论其间接价值,并培养学生讨论个人和社会事务的能力。(科学思维,态度责任,探究实践,社会责任,地理学)

(2)了解生物多样性的重要性,认识到数学模型在生物学研究中的应用,体会其直观性,从而认同生物多样性是人类生存和发展的基础。(科学思维,数学)

(3)通过数据和图片,了解我国生物多样性丰富,认识白鳍豚、亚洲象等保护生物。归纳出生物多样性受威胁的原因,认识到栖息地的丧失和破坏是主要原因。

(科学探究,生命观念,社会责任)

(4)建构数学模型预测生物多样性减少对人类生存的影响,强调保护生物多样性的重要性。通过资料分析,总结保护生物多样性的关键措施,并评估日常生活习惯对生物多样性的影响。(科学思维,态度责任)

五、学情分析

(1)学生心理特点分析:八年级学生在成长过程中,情绪和性格等多方面不稳定,具有可塑性。他们往往忽视生物多样性保护,保护意识不强。本节课需强调生物多样性保护的重要性。

(2)学生在学习本章前具备一定的阅读和实验能力,但在材料分析方面存在不足,如分析材料少、不到位或方向错误。本节课中,教师应重点引导学生进行资料分析,并及时纠正其中的不当之处。

(3)八年级学生擅长形象思维,部分学生乐于发言,而部分学生较为羞涩。他们通常对事物关注的深度、广度和持久度不足,但倾向于与老师合作,愿意互动。

(4)学生生物学学习方法的掌握情况分析:会听课,善阅读,会观察比较,并归纳总结抓一般规律。

(5)学生在学习时可能遇到的困难分析:仅依赖听觉接收知识,缺乏主动结合听、想、动手的实践。教师应引导学生将听、思、做结合起来,以更有效地掌握知识。八年级学生虽具备一定的阅读能力,但常忽略课本插图的作用。

作为实验科学的生物学,观察是获取知识的关键。八年级学生在观察时往往不够专注和细致,教师需引导他们学会在观察中发现并提出问题。

六、评价体系

(1)通过图片、数据展示等多种方式,对不同生物类群进行比较,帮助学生逐步形成生物具有多样性的认识。

(2)通过指导学生建构数学模型,进行探究性实验等方式,帮助学生体会生物多样性是人类生存和发展的物质基础。

(3)通过观察、讨论使学生认同:人类活动导致生物栖息地的破坏和丧失是生物多样性面临威胁的主要原因。

(4)组织学生制作手抄报,在课堂上进行展示、交流和讨论,让他们主动参与到宣传保护生物多样性的行动中来。

七、创新设计亮点

（1）根据资料分析，让学生初步了解生物多样性的直接使用价值。利用生活场景、图片资料，请学生独立思考生物多样性具有的直接使用价值。

（2）通过探究性实验，让学生进一步认识生物多样性的间接使用价值。小组合作，完成探究性实验，分析生物多样性的间接使用价值，体会间接使用价值大于直接使用价值。

（3）通过建构模型，让学生理解生物多样性是人类生存和发展的物质基础。

（4）根据资料分析，自主建构模型，归纳生物多样性面临威胁的原因。保护生物多样性就是保护人类自己。

（5）小组讨论，归纳国家层面保护生物多样性的主要措施。根据视频资料，分析、归纳出保护生物多样性的措施，国家层面主要包括就地保护、迁地保护、依法保护。

（6）通过手抄报和宣誓活动，在保护生物多样性中，促使学生积极行动。辨析身边行为是否利于保护生物多样性，制作手抄报，增强宣传意识。集体宣誓，增强保护生物多样性的责任意识。

八、教学过程设计

1.创设情境导入新课

【游戏】逛动植物园的游戏，根据规则完成PK游戏。

【提问】建造动植物园的核心目的是什么呢？

【设计意图】通过游戏让学生带着轻松的心情进入课堂，并增强小组之间的竞争力，思考建造动植物园的核心目的。回答已知动植物的数量多少，从数据上感知生物种类的多样性。

2.生物多样性的内涵

【提问1】你们知道地球上已知的动植物有多少种吗？我这里有一组数据，大家帮我数一数。

【预设回答】动物约150万种，植物约37万种。

【提问2】生物多样性等于生物种类的多样性吗？

【预设回答】不等于。

【讲授】全球70亿人，除了同卵双胞胎外，都具有独一无二的基因组成。从客观视角俯瞰大地，你可以看到多种多样的生态系统。

【小结】生物多样性的内涵是丰富的，应该包括三个层次。（引导学生齐声说）

【预设回答】生物多样性的内涵包括：生物种类的多样性，基因的多样性，生态系统的多样性。

【设计意图】以分析熟悉的人类基因多样性，以及借助坐飞机时观察体会生态系统的多样性，帮助学生用生物学视角认知身边常见事物，参与相关话题的讨论。

3. 生物多样性的价值

【提问】生物多样性和人类的生存与发展有什么关系呢？

【过渡】菜市场有琳琅满目的蔬菜和水果，食堂或饭店有花样繁多的饭菜，这些都是生物多样性的一种表现，生物多样性给人类提供多种多样赖以生存的食物，是其直接使用价值之一。

任务一

【思考讨论】生物多样性还有哪些直接使用价值呢？请独立阅读教材，再讨论归纳生物多样性的直接使用价值。

【预设回答】归纳出生物多样性在药用、科研、文学创作、生态旅游方面的直接使用价值。

【过渡】生物多样性往往还具有被人忽视的间接使用价值，具体表现在哪些方面呢？或许下面的探究实验能给你带来启发。

任务二

【探究实验】生物多样性的间接价值（见图5-4）。

【播放案例视频】我们来看看在世界最大的人工林场——中国塞罕坝人工种植的约5亿棵树给当地带来了哪些收益？

【观看视频】（一起回答）植被可以提供氧气，森林可以防风固沙，湿地可以调节气候等。生物多样性具有调节生态功能方面的间接价值，且间接使用价值远大于直接使用价值。

【小结】①通过塞罕坝的事例我们了解到，植被可以提供氧气。②生物多样性的价值包括：直接使用价值、间接使用价值和尚未被人们发现的潜在使用价值，或许潜在价值在不久的未来能发挥出我们无法想象的巨大作用。③通过对生物多样性的价值分析，我们不难看出，生物多样性越丰富，人类生存和发展的物质基础就越丰富。

以草为例,探究植被的间接价值。

目的要求:模拟雨水冲刷,观察植被对防止水土流失是否有作用。

实验材料:土壤、草、水、废弃饮料瓶、废弃杯子、铁架台、量杯等。

准备阶段:教师已提前准备。

方法步骤:如图,分组从瓶子尾部缓慢浇下。

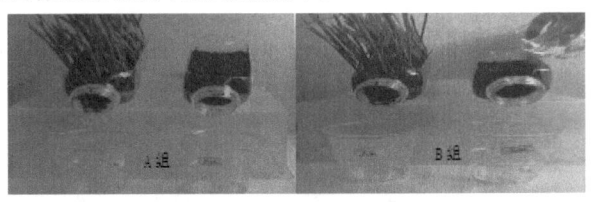

结果和结论:

组别	水的浑浊程度	水的体积
A组透明塑料杯		
B组透明塑料杯		
结论		

讨论:1.观察并填写实验现象,得出相关结论写在表格中。

2.联系雨的形成,分析植被对当地的降雨量是否有影响?请尝试描述。

3.联系经验分析,若增加植被的种类和数量会给当地居民带来哪些益处?

图5-4 生物多样性的间接价值探究

任务三

【**建构数学模型**】借助数学模型分析:生物多样性越丰富,人类赖以生存和发展的物质基础就越丰富。

【**设计意图**】关注生活,以生活中的蔬菜水果和饭菜为例,引出生物多样性的食用价值。抛砖引玉,引导学生归纳出生物多样性的其他直接使用价值,培养学生关注生活事物。

【**观察归纳**】培养学生独立观察图片、归纳总结的能力。

【**动手能力+地理**】①探究性实验培养学生的动手能力、观察能力。②联系雨的形成和其他地理学科,形成学科交叉,帮助学生理解生物多样性的间接价值的表现之一,参与身边事物讨论。

【**整体感知**】①对生物多样性的间接价值有整体感知。②"世界最大的人工林在中国",为塞罕坝感到骄傲。

【**小结**】认知生物学的研究方法之一,侧面感知生物学是一门理科性质的学科。

学会分析数学曲线模型,为后面建构模型打基础。

4.生物多样性面临的威胁及原因

【讲授】我国是生物多样性最丰富的国家之一,植被面积位居世界前列,且我国裸子植物种类最多,被称为"裸子植物的故乡"。然而,我国的濒危物种数量也多。例如白鳍豚、亚洲象、水杉、珙桐等一级保护生物。

【提问】是什么原因导致生物多样性锐减的?

任务四

【小组合作】①观察图片,先独立归纳生物多样性面临威胁的原因是什么。②归纳好后,小组交流,除图片中的原因外还有哪些原因导致生物多样性锐减。

【批判性思维】人类的生存和发展会影响到生物多样性,但不一定都是人类主观上要对野生物种赶尽杀绝。例如:修建高速公路、铁路,造成某些野生物种栖息地的碎片化。这对你有什么启示?

【过渡】人类的活动使得生物栖息的环境遭到破坏,栖息地的破坏是生物多样性面临威胁的主要原因。

【建构模型】请你建构一个数学模型,说明栖息地的破坏和丧失与生物多样性的关系。

【提问】在最低点的时候是否严重影响人类生存?保护生物多样性就是保护我们人类自己,那我们如何保护生物多样性呢?

【设计意图】初步了解我国生物多样性情况,培养独立思考和团结协作的能力,培养批判性思维。在认知数学模型的基础上,建构数学模型,体验新的学习方法。

5.保护生物多样性的措施

【过渡】我们国家十分重视生物多样性保护,我国是最早加入《生物多样性公约》的国家之一,2021年在昆明还成功地召开了《生物多样性公约》第十五次缔约方大会。让我们来看看我国为保护生物多样性都做了些什么。

【视频资料】我国保护生物多样性的措施。

【提问】通过这个视频,大家知道去动植物园的目的是什么了吗?

【明确动植物园的目的】去动物园不要随意地投喂禁止投喂的动物,去植物园不要随意采摘花草。

(1)动植物园的建造采用了哪种保护措施?(学生回答:就地保护)

(2)你还能归纳出其他的保护措施吗?

请同学们阅读教材,归纳出国家层面的保护措施。

归纳出迁地保护、就地保护、依法保护、建立种质库等主要措施。

【过渡】国际上为了宣传保护生物多样性,将每年的5月22日定为国际生物多样性日。我国从2023年起,将每年的8月15日定为全国生态日,多方位地提醒着人们,要尊重自然、顺应自然、保护自然。保护生物多样性要处理好人和自然的关系,生活中的一些行为是利于保护生物多样性的,一些行为是不利于的,下面就请大家来分分类。

【分类游戏】略。

【过渡】我们学会了辨析身边的行为习惯,知道了自己应该怎么做,那怎么让其他更多的人知道如何保护生物多样性以及生物多样性的价值呢?办份手抄报或许不错。

【课后作业】课后,请同学们完成手抄报,并贴于班级或社区的宣传栏。

【设计意图】学会分析自身行为习惯,积极参与保护生物多样性的行动。

6.课堂小结

【提问】今天这节课,我们学习了:什么是生物多样性?为什么保护生物多样性?保护生物多样性的具体措施有哪些?

学生回答,对本节有整体感知。

【设计意图】了解一个问题需要我们弄清楚是什么、为什么、怎么做。

九、课后作业设计

宣传实践:参与保护生物多样性的活动,作为中学生应该做些什么?

目的:从我做起,从小事做起,积极参与保护生物多样性的活动!

活动:①辨析生活中的行为是否有利于保护生物多样性。②课后请将利于保护生物多样性的行为和相关知识写在手抄报上。③将手抄报贴于社区或班级宣传栏,增强人们的保护意识。

十、教学反思

教学中强调学生主体性,通过引导和启发,提升学生学习能力,帮助学生构建知识体系。培养学生对保护动物的情感,同时在合作学习中融入科学精神和方法,促进知识掌握、提升科学思维和参与意识,对社会责任感的培养有积极作用。保护生物多样性不仅停留在宣传上,更要落实到行动中,实现素质教育。在"双减"政策下,生态文明教育迎来发展机遇,期望更多资源投入此领域,助力"立德树人"目标。生态文明教育将产生重要影响,它不仅丰富了教育内涵,还体现了时代发展方向,推动了教育从"知其然"到"知其所以然",再到行而"使其然"的实践探索。

参考文献:

[1]中华人民共和国教育部.义务教育生物学课程标准(2022年版)[M].北京:北京师范大学出版社,2022.

[2]中华人民共和国教育部.义务教育课程方案(2022年版)[M].北京:北京师范大学出版社,2022.

关于国内外生物教育基地的探讨

重庆市璧山来凤中学校　　马雪梅

【摘要】 随着教育的改革发展,越来越多的教师开始注重实践性教学,其中生物教育基地作为传播生物知识技能、培养学生生物素养的重要场所,也引起了教育界的关注。通过提供实践、互动和探索的机会,生物教育基地可以帮助学生深入了解生物学理论,培养科学思维和创新能力。生物教育基地借助其丰富的教育资源,组织实践性教育活动,为学生构建生动形象的知识体验,让学生全面把握生物学教育知识,提高国民整体生物素养水平。因此,本文在研究中将围绕生物教育基地的内容及意义展开论述,同时分析当前国内外生物教育基地的建设情况,更好地推动生物教育基地建设的可持续发展。

【关键词】 国内外;生物教育基地;建设

一、引言

生物教育基地是为学生、公众提供生物学教育研究的机构。随着科技的进步,在素质教育背景下,人们对生物学知识的需求增加,生物学作为一门重要的自然科学学科,对于我国的生态保护、群众的生物素养提升具有重要作用,同时生物教育基地的重要性日益凸显。生物学涉及许多前沿科研成果技术,为了促进公众对生物学的了解和认识,建立生物教育基地有助于提供面向公众开放的教育平台,通过展览、讲座等方式,将前沿科学知识传递给更多的群众。在生物学教育中,借助生物教育基地举办各种科普宣传教育活动,如展览、讲座、研讨会等,面向学生、公众普及生物学知识,改变传统理论教育模式,增强教育的实践性。提高学生的生物科学素养,激发学生对生物学的研究兴趣,培养他们对生命科学的热爱,更好地促进学生的科学思维发展。当前国内外对于生物教育基地的建设都给予了高度重视,国内政府大力支持生物教育基地的建设,在《全民科学素质行动规划纲要(2021—2035年)》中,明确了科普基地建设的重要性,其中科普基地就包含了生物教育基地。而国外生物教育更注重实践操作,鼓励学生主动参与,培养他们的创新能力,建立了大量的生物教育基地,并且一些国外的生物教育基地还与大学、科研机构等合作,开展科研项目、实习计划,为学生提供更广阔的学习平台。因此,在生物学教育中,要充分把握生物教育基地的价值,运用生物教育基地开展实践性教学,以促进生物素养的发展。

二、生物教育基地的概述

生物教育基地是为了促进生物学科科普教育而设立的场所,旨在提供实践、互动、探索的环境,让学生更好地了解生物学知识以及生物科技应用,培养学生的科学素养。生物教育基地通常设有各种展示区域、实验室等场所,以展示研究生物多样性、生态系统,以及遗传学、分子生物学等领域的知识,基地内往往有模拟的自然生态环境,如湿地、森林、海洋等,供学生进行实地考察。生物教育基地通过生物标本、模型、图片等多种展示方式,向参观者介绍生物的分类、特征、生态习性等知识,在生物教育基地内设计各种互动游戏、科普活动,增强学习的趣味性。同时也定期举办生物学专题讲座、研讨会,邀请专家学者分享最新的科研成果。生物教育基地提供了解生物多样性、保护生态环境的平台,促进生物教育学的可持续发展,激发学生对生物学的兴趣,培养他们的科学思维、创新能力。

三、国内外生物教育基地的比较

1.国内生物教育基地

国内相关部门在教育政策的引导下,全面落实生物教育基地建设工作,提高全民生物素养,推动生物教育高质量发展,以及促进生物科普工作转型升级。在生物教育基地建设中,构建了科学技术馆类、专业自然博物馆类、植物园、动物园、野生动物园等教育基地,实现了生物教育基地的多元化发展。我国建立的科普教育基地达到了上千个,其中包含了众多的生物教育基地,例如北京天文馆、北京海洋馆、北京动物园、北京科学中心、国家自然博物馆等,为生物教育的实施提供了支持。

(1)科学技术馆类。

科学技术馆类是当前国内较为常见的生物教育基地,主要以科学技术为主题,通过展览、实验、互动等方式向公众普及科学知识以及科学技术应用案例。在科学技术生物教育基地中,设有生物科技展区、生态环境展区、生命科学展区等,展示生物科学的最新成果。例如在武汉科学技术馆内,第一层设计了信息展厅、光展厅等,第二层设计了生命展厅、宇宙展厅等,第三层有水展厅、科普报告厅、科学探究室等,同时该基地具有常设展览、短期展览、科普大篷车、虚拟游览、科学实验课、特色科技活动等教育内容,更好地促进生物教育知识的传播。再例如上海科技馆,是国内知名的科学技术馆,在馆内常设的展区有生物万象、动物世界、彩虹儿童乐园、智慧之光、地球家园、蜘蛛展等,馆内通过丰富的展品以及互动体验,生动形象地展示了宇宙苍穹、细胞基因等科学知识,向公众介绍最新的生物科学研究成果。除此之外,中国科学技术馆内,也构建了丰富的展览,馆内有儿童科学乐园、华夏之光、探索与发现、科技与生活、挑战与未来等主题展区,数量约20个,更好地启迪群众的生物思维。综上所述,通过对我国科学技术馆类生物教育基地的总结,发现在目前我国生物教育基地的建设中,生物教育基地通过展览、实验体验等方式,向公众传递最新的生物科学知识,结合生物学展品与科普解说,激发他们对生物学的兴趣。

(2)专业自然博物馆类。

专业自然博物馆类生物教育基地主要以自然历史、生物多样性为主题,通过收藏、研究、展览自然标本,向公众展示地球上丰富多样的生物演化过程,设有分类鉴定室、标本陈列馆、生物多样性保护展区等,更好地开展相关的科普教育活动。例如国家自然博物馆,是国内顶级的自然博物馆之一,收藏了大量的生物标本、化石,在馆内设置了古爬行动物、人之由来、无脊椎动物的繁荣、动物——人类的朋友、神奇的非洲、水生生物馆、走进人体等展厅,同时结合时代发展,设置了"龙行中华——甲辰龙年生肖文化联展"和"知行溯远——两足运动动物"主题展,通过展览解说,向公众展示了地球上丰富多样的生物演化过程。并且借助4D影像,在馆内向群众普及生物科普知识、介绍恐龙演变过程等,更好地增强了普及生物知识的趣味性。再比如成都自然博物馆,专注于自然科学研究教育,馆内收藏了丰富的生物标本、化石(如恐龙化石等),在馆内设置有地质环境厅、矿产资源厅、生命探源厅、缤纷生命厅等多个展厅,展示了地球上丰富多样的生物资源。在生命探源厅中,以"生命之初→万物相竞→选择适应→和谐共生"为展示主线,揭示自然界和谐共存的重要性,为公众提供了深入了解生物多样性的机会。总的来看,在专业自然博物馆类的生物教育基地中,借助生物展览等形式,普及了生物知识,更好地增强了生物教育基地的价值,为我国国民生物素养的提升带来了促进作用。

(3)其他类。

除了科学技术馆类和专业自然博物馆类,还有一些生物教育基地属于其他类别,例如动物园、水族馆、植物园等。这些生物教育基地通过展示各种动植物的特点、生态习性,向公众普及生物科学知识,增强群众的环境保护意识。例如北京动物园是中国现代动物园、植物园、博物馆的发祥地,展示了各种珍稀动物,展出珍稀野生动物约400种、5 000只,包括陆生动物、水生动物、鸟类等。游客可以通过观察学习,了解不同动物的特点、习性,增进对生物多样性的认识。再例如广州的长隆野生动物世界囊括了各种珍稀动物,如大熊猫、白虎等。游客在参观中近距离观察不同动物的生活习性,增进对生物多样性的认识。园内设有集讲解与观看动物于一身的动物科普驿站、内容丰富的科普长廊、生动有趣的动物学堂、充满温情的动物幼儿园,有大熊猫、澳大利亚考拉、黄猩猩、亚洲象、洪都拉斯国宝大食蚁兽等500余种20 000余只珍奇动物。

2.国外生物教育基地

(1)美国生物教育基地。

近年来,在科技发展中,美国高度重视生物技术的研究。美国现有大大小小的科普场馆千余个,建设有许多生物研究的教育基地,其中较为常见的就是科普场馆。美国的生物教育基地包含了实验室、自然保护区、动植物园、水族馆等不同类型的场所,在生物教育基地中生物标本、模型、实物展示区等为学生和参观者提供了实践、互动、体验的机会。例如美国的伍兹霍尔海洋研究所,是当前较为独立的海洋研究中心,馆内集中了实验室、教室、演讲报告厅以及MBL图书馆等。再例如加州科学中心是美国西海岸最大的公益性科学博物馆,馆内设置了科学殿堂、生命世界等多样化的展示场所,向人们讲解消化系统、控制中心、细胞实验、人体工程等生物学知识,更好地了解生物的发展进程。

(2)英国生物教育基地。

英国开展生物科普活动的重要场所是分布于全国各地的科技博物馆和科技中心。英国在发展生物教育过程中,建设了很多生物教育基地,涉及生物多样性、名人足迹、海洋生态、动物保护等多个领域,介绍了英国的自然环境,为生物多样性的研究带来了支持。在英国具有丰富的海洋生态系统的康沃尔郡、威尔士北部的雪顿海边,可以通过参观海洋生态基地,更好地了解海洋生态、海洋气候变化、海洋污染等。除此之外,英国自然历史博物馆结合生物学研究需求,开展探索大自然的活动,例如组织"寻找化石"等实践研究项目;英国科技馆以创新为主题,鼓励学生动手实践,创新研究成果,学习生物多样性的知识,体会生命科学的乐趣。

(3)日本生物教育基地。

日本现有科普场馆3 000多个,其中涵盖了很多的生物教育馆。在日本的生物教育场所内,设有专门的实验室,让学生亲自动手进行科学探究,了解最新的生物科学知识。日本科学未来馆设置有"地球环境与前沿科学""生命科学与人类""地球环境与前沿科学"等展厅,重点针对生态学、生物学的知识进行研究,比如在"生命科学与人类"的展厅中,向人们展示了基因组等生物学的前沿研究成果。除此之外,日本的国立科学博物馆设置了筑波实验植物园、自然教育园,重点展示了海洋生物、大森林等中的生物学知识,更好地培养公众的生物学研究兴趣。在日本的生物教育基地中,通过参观展览、参加教育活动、观察实验等,可以深入了解生物学的基本原理以及现代科学研究的进展,参与到生物学的学习研究中。

四、结论

综上所述,随着生物教育的发展进步,在当前的国内外教育研究中,也开始注重实践性生物教育基地的建设,通过构建丰富多样的生物教育基地,为生物学的研究建设带来保障。因此,在生物教育中,要积极发挥生物教育基地的价值,借助生物教育基地丰富生物学研究教育内容、开展实践性生物学研究活动,利用生物教育基地构建生物学校本教材,更好地促进生物教育的高质量发展,提升学生及群众的生物素养水平。未来,需要进一步构建多样化的生物教育基地,致力于推广生物学知识,促进公众科学素养的提升,推动我国生物学教育的高质量发展。

参考文献:

[1]姜泽军.依托天文学科建设　打造一流科普教育基地[J].云南科技管理,2023,36(4):68-69.

[2]钱邦永,王浩.水利科普资源的挖掘与利用——以江都水利枢纽科普教育基地建设为例[J].水文化,2023(6):50-53.

基于核心素养的高中生物学情智课堂实践

重庆市璧山中学校　　何伟

【摘要】 本文基于生物学科核心素养以及历年重庆市高考生物学试题特点的背景,说明了将复杂知识放在真实具体情境中进行教学,以提高学生素养和能力的必要性和重要性。在新课程标准的背景下,教师可以通过实施"情智课堂"来提高学生的核心素养和关键能力。文章以高中生物学人教版(2019)选择性必修1"免疫失调"中的获得性免疫缺陷病——艾滋病为例,介绍了笔者的"情智课堂"实践。

【关键词】 核心素养;情智课堂;艾滋病

学科核心素养是学科育人价值的集中体现。生物学科核心素养包括生命观念、科学思维、科学探究、社会责任,是学生在解决真实情境中的实际问题时所表现出来的价值观、必备品格与关键能力,是学生知识、能力、情感态度与价值观的综合体现。自2021年重庆市举行新高考以来,截至2024年,重庆市自主命制生物学试题已有四年。从这四年的重庆高考生物学试题来看,试题均聚焦学生核心素养的考查,呈现出加强基础性、增加情境性、注重融合性、凸显应用性、激发创造性的特点,考查学生在情境中获取关键信息、分析资料、解决问题的能力。教师如何在日常的教学中既帮助学生巩固必备的基础知识和核心技能,又提高学生综合运用知识解决问题的能力和素养？如何保证学生既有创新思维和实践能力，又有正确的价值观念和人生观呢？在新课程标准生物学科核心素养的背景下，教师可在教学中实施"情智课堂"，即将概念性的学科知识放在具体的情境中，以创设情境的方式提出问题，以解决问题的方式落实知识，从而关注学生的思维过程，使学生能够从复杂的真实情境中探究问题、获取知识、理解概念并提高素养，以此来促进师生情智共生。笔者以高中生物学人教版（2019）选择性必修1"免疫失调"中的获得性免疫缺陷病——艾滋病为例，谈谈自己的"情智课堂"实践。

一、创设情境，激发学生探求欲望

新课程标准注重使学生在真实的生活情境中学习生物学，并且运用学习的知识去解决实际问题；同时也注意帮助学生了解相关的学习方向和职业，为他们进一步学习和步入社会做准备。生物学情境主要类型有生活学习实践情境、实验探究情境、生态保护情境以及科学史情境。因此在新课程标准的指导下，结合本节课内容，笔者进行了以下设计。

【创设情境】"我是大医生"（由北京卫视电视节目《我是大医生》而来），一名感染科医生正面对一位患者的求助。

资料1：李女士今年30岁，未婚，经一次无意的体检被确诊为艾滋病感染者。但是因为自己没有任何症状，李女士严重怀疑医生诊断错误。此时医生告知李女士其体内已经含有抗HIV的抗体，这让她陷入了无尽的恐慌。

【设计意图】创设真实情境，贴合生活实际，引发学生好奇心，激发学生学习兴趣，并且在知识学习的过程中让学生初步体会医生的职业责任，遵循循证医学原则，解决病患疑虑。

二、层层设问，促使学生生成情智

层层设问是一种教学策略，通过逐渐提高问题的难度和深度，激发学生思考、分析和生成情智。笔者在课堂中通过层层设问促使学生生成情智。

根据资料1提问：艾滋病是生来就有的吗？是由什么病原体引起的呢？

【设计意图】呼应教学内容，强调艾滋病是因为感染病毒——HIV而引起的，被称为获得性免疫缺陷综合征，acquired immunodeficiency syndrome，即AIDS。这为本节课的重点之一HIV的基本信息以及HIV侵入辅助性T细胞且在其中增殖的过程做铺垫。

资料2：HIV——人类免疫缺陷病毒，主要侵入人体的辅助性T细胞。

根据资料2布置任务：①结合教材文字内容，说出图5-5中HIV各结构的名称，并思考表面蛋白、遗传物质以及逆转录酶在HIV侵入辅助性T细胞时的作用。②请据图5-6描述HIV侵入辅助性T细胞且在其中增殖的过程。

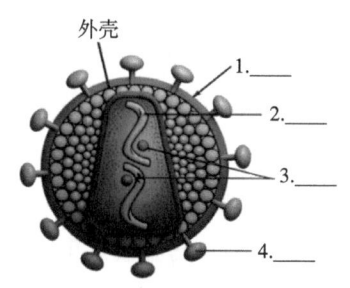

图5-5　HIV结构模式图
（改编自教材）

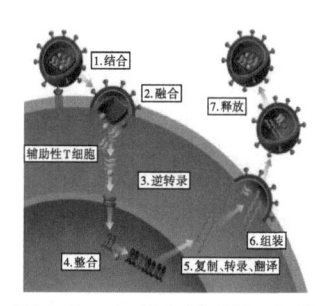

图5-6　HIV侵入辅助性T细胞
（改编自 https://aidsinfo.unaids.org/）

【设计意图】利用教材"科学·技术·社会"栏目，重点强调HIV的结构，包括病毒包膜、核酸、逆转录酶以及表面蛋白，并请学生思考各结构在HIV侵入辅助性T细胞时的作用，进而自然过渡到HIV侵入辅助性T细胞的过程。在该环节中，请学生写出HIV的遗传信息流动，再次强化HIV的遗传物质，并理解HIV易变异的原因。

资料3：感染者李女士仍然不解感染HIV后为什么没有症状，却有抗HIV的抗体。另外她了解到经过2—10年的潜伏，患者最终会死于严重感染或恶性肿瘤。

根据资料3，层层提问，小组合作解疑团：①感染HIV后，感染者为什么没有症状，却有抗HIV的抗体？②患者最终会死于严重感染或恶性肿瘤，这是为什么？③你可以说明教材中关于HIV侵入人体后，体内HIV以及辅助性T细胞数量变化的原因吗？④李女士暂时还没有出现症状，你可以根据HIV侵入辅助性T细胞且在其中增殖的示意图，提出一些抑制HIV增殖的具体方法来延缓病情发展吗？

【设计意图】结合HIV的基本信息以及侵入辅助性T细胞的过程，进一步落实HIV的致病机理以及艾滋病的发展过程，引导学生分析艾滋病发展过程中HIV浓度与辅助性T细胞浓度变化的原因，从而引发患者免疫系统的防御功能与免疫监视功能减弱，最终死亡。这也为学生理解艾滋病患者免疫功能低下的具体实例提供理论依据。然后让学生根据HIV侵入辅助性T细胞的过程提出切实可行的治疗艾滋病的方法，目的是提高学生解决问题的能力，并由此引出在临床中科学家所应用的治疗方法：抗逆转录病毒治疗法以及由美籍华裔科学家何大一提出的"鸡尾酒"疗法等。在此过程中学生发现，自己提出的方法与临床治疗方法一致，这会切实提高学生的信心,提高学生学习生物学的兴趣。

资料4:听了医生的介绍,感染者李女士的心情微微放松。但仍疑惑:HIV感染后治疗费用会不会很高？感染者李女士认为艾滋病虽然可治,但无法根治,只能缓解,因此预防比治疗更重要。虽然艾滋病可防可治,但是感染者李女士仍然非常担心,害怕社会向她投来异样的眼光,遭到社会的嫌弃与抛弃。

【设计意图】艾滋病可治,并向学生介绍目前在我国对所有的HIV感染者或者艾滋病患者实行"发现就治疗,而且免费"并遵循自愿的原则,当学生听到我国的治疗策略时,会不自觉地发出"哇"的声音,不用教师过多介绍,学生已经由衷地对国家产生了强烈的认同感和自豪感。那么,如何预防HIV感染？基于学生在生活中已知的艾滋病传播途径的相关经验,提出如何预防,且保护自己不被感染HIV的措施。此外还可以向学生介绍,如果意外接触高危行为,72 h内及时服用HIV阻断剂也可以有效保护自己不被感染。最后,如何化解感染者李女士的担心？在预防HIV感染的基础上,让学生自主思考,并请学生代入角色——一名医生,向公众做好科普工作:比如说,首先,HIV感染者和艾滋病患者不同,感染HIV之后经过及时治疗并不会发展成艾滋病;其次,生活中常见的行为,如和艾滋病患者共同进餐、共用洗手间、礼节性的拥抱等均不会传播HIV;另外,为增进人们对艾滋病的认识,推动全球艾滋病反歧视倡导工作,关爱、帮助艾滋病患者及HIV感染者,设定每年12月1日为世界艾滋病日,每年的3月1日为世界艾滋病零歧视日。

三、情境迁移,促进学生运用情智

情境迁移是指将学习的内容和技能应用到新的情境中,以培养学生的综合能力和创新思维。在高中生物学习中,利用情境迁移是一种有效的教学策略,可以促进学生运用情智。笔者在课堂中设计了以下习题检测。

1.习题检测1:(重庆市巴蜀中学校2023—2024学年高一上学期11月期中考试生物试题,改编)

入冬以来,我市进入急性呼吸道疾病高发时期,各大医院均人满为患。其中支原体肺炎是一种由支原体引起的呼吸道感染,常见于儿童和青少年。根据所学知识回答下列问题。

(1)为确诊幼儿患者所患肺炎种类,医护人员取患儿痰液进行分离,可在电子显微镜下观察致病性微生物细胞结构,发现与痰液中的白细胞结构不

同,不同点是什么?(支原体无以核膜为界限的细胞核)

(2)支原体引起的肺炎常因黏液栓堵住支气管,造成影像学上的"白肺",这与新冠病毒导致的双肺弥散性病变产生的"白肺"是两个概念。导致这两种"白肺"的病原微生物的主要区别是什么?(有无细胞结构)

(3)当支原体侵入人体后会激活体液免疫,在此过程中B细胞的作用是什么?(一是特异性识别并呈递抗原给辅助性T细胞,促进辅助性T细胞的活化;二是自身被激活后增殖、分化产生记忆B细胞和浆细胞)

(4)经化验,患儿确诊患支原体肺炎,若你是医护工作者,根据下表提供的抗菌药物以及抗菌机制,发现治疗支原体肺炎最不宜选择的药物是什么?原因?(青霉素,原因是支原体没有细胞壁)

抗菌药物	抗菌机制
阿奇霉素	能与核糖体结合,抑制蛋白质的合成
环丙沙星	抑制病原体的DNA的复制
青霉素	破坏病原体的细胞壁
利福平	抑制病原体的部分RNA的合成

(5)肺炎支原体主要通过飞沫、直接接触传播,存在1—3周的潜伏期。专家建议:对病人接触过的物体,可用含75%的酒精消毒,原理是什么?(因为酒精可引起细菌蛋白质发生变性,进而失活)

2.习题检测2:(2022年广东高考,节选)

在新冠病毒肆虐全球时,我国始终坚持"人民至上,生命至上"的抗疫理念和动态清零的防疫总方针。下图为免疫力正常的人感染新冠病毒后,体内病毒及免疫指标的变化趋势。

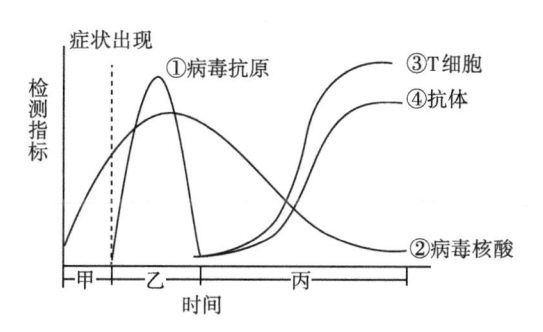

回答下列问题：

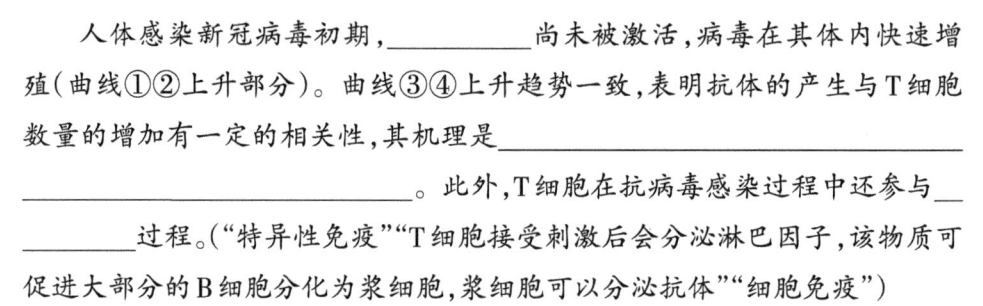

人体感染新冠病毒初期，_____尚未被激活，病毒在其体内快速增殖（曲线①②上升部分）。曲线③④上升趋势一致，表明抗体的产生与T细胞数量的增加有一定的相关性，其机理是_____。此外，T细胞在抗病毒感染过程中还参与_____过程。（"特异性免疫""T细胞接受刺激后会分泌淋巴因子，该物质可促进大部分的B细胞分化为浆细胞，浆细胞可以分泌抗体""细胞免疫"）

【设计意图】这两道题都是将考查内容进行包装，坚持"信息切入、能力考查"的原则。第一题以冬天大肆流行的支原体肺炎为情境，考查学生对病原体本身的认识与了解，着重考查学生理解能力和解决问题的能力（信息获取和问题解决）。第二题用体现中国特色社会主义进入新时代后的新材料、新情境、新问题，着重考查学生理解能力以及解决问题中的迁移应用能力。在学习完HIV的致病机理以及艾滋病的发展过程后，可以将课堂中生成的情智迁移应用到这两道题中，以此提高学生的核心素养和关键能力。

四、教学反思

本节课的设计思路是想以"情智课堂"厚植学科核心素养，整个教学环节均从病人角度出发，遵从病人看病时的心理状态，通过设置层层递进的问题一步步引导学生探索、掌握新知，在知识的探索过程中解决真实情境中感染者李女士的问题，让她从最开始的震惊、不相信自己感染到不接受再到接受自己感染的现实。此过程让学生初步体会到医生的职业责任以及成就感，同时也培养学生的社会责任——理性解释艾滋病病因以及发展历程，关爱HIV感染者及艾滋病患者，主动宣传防"艾"途径以及艾滋病免费治疗策略，让学生产生强烈的国家认同感及自豪感。教学过程中，"我是大医生"情境连贯，学生的"情"贯穿始终，使学生在整节课中生成的"智"更为深刻。最后再进行总结迁移，让学生对引起某种疾病的病原体的研究思路更加清晰。只有做到以情启智，情智共生，才能充分有效地提高学生学习效果。

参考文献：

[1]中华人民共和国教育部.普通高中生物学课程标准(2017年版2020年修订)[M].北京：人民教育出版社，2020.

[2]毛艳.指向生态意识培养的"影响种群数量变化的因素"主线式情境教学设计[J].生物学教学，2023，48(11)：45-47.

[3]李春梅.情智结合教学对小学生数学素养提升的作用[J].数学教学通讯，2020(16)：79.

"免疫系统的组成和功能"一节的教学设计

重庆市璧山中学校　李俊满　肖轶

【摘要】 本文以"免疫系统的组成和功能"一节为教学案例，在高中生物学事实性知识教学过程中深度实践情境化教学。通过设计一系列生活情境下的任务，组织学生进行有效探究与交流，建构相关模型，分析解决实际问题，切实提升学生核心素养。

【关键词】 情境化；免疫调节；建构模型；教学设计

一、教材分析及设计思路

"免疫系统的组成和功能"出自2019年版高中生物学教材人教版选择性必修1《稳态与调节》第4章第1节，阐明了免疫系统的组成和免疫系统的功能两部分内容。与旧教材相比，内容上删去了吞噬细胞，引入了树突状细胞和巨噬细胞，新增抗原呈递细胞概念。内容编排上，将原本靠后的免疫自稳和免疫监视内容加入本节。从课程实施看，本节是后续学习免疫调节的基础，在《普通高中生物学课程标准(2017年版2020年修订)》中相应的内容要求是(次位概念1.5.1、1.5.2)：举例说明免疫细胞、免疫器官和免疫活性物质等是免疫调节的结构与物质基础；概述人体的免疫包括生来就有的非特异性免疫和后天获得的特异性免疫。

结合学生情况、教材编排和课标要求，笔者对教材内容进行重组，用1课时完成教学。主要教学环节简介如下：①通过长痘痘的生活情境迅速导入，再补充炎症反应化验单材料,通过学生小组活动完成对免疫系统的三道防线和特异性免疫、非特异性免疫的比较学习。②补充痘痘完美代谢过程和细胞癌变相关资料,通过"实例—提问—总结"的驱动式教学,完成对免疫系统三大功能的学习。再联系社会热点,播放免疫系统对抗新冠病毒过程的视频,及时巩固新知,过渡到对免疫系统组成内容的学习。③按照"略读教材—精读教材—活动检测—建构模型—联系生活"的顺序开展教学,在此过程中通过建构"免疫细胞结构模型""抗原抗体特异性结合模型"和"抗原呈递过程模型"将抽象知识具象化,在解决实际生活问题的过程中提升学生的科学思维能力。

1.教学目标

(1)通过对长痘痘和炎症反应化验单的分析,引导学生阅读教材,归纳免疫系统的三道防线组成,比较非特异性免疫和特异性免疫,提高生命观念和社会责任。

(2)基于对痘痘完美代谢过程和细胞癌变资料的分析,概括免疫系统的三大功能,培养结构与功能相适应的生命观念。

(3)通过对教材内容的精细化阅读和对多种模型的构建,概括免疫系统的组成,学生分析交流解决实际生活问题,培养生命观念和科学思维。

2.教学过程

(1)情境创设,设疑导入。

【创设情境一】教师展示发炎痘痘的图片。提出"长有白点的痘痘,能不能挤?"的问题,让学生自由展开热烈讨论。

【创设情境二】教师提供挤痘痘导致颅内感染的新闻。提出"挤痘痘只是导致皮肤破了一个小口,但带来的后果却是极严重的,这说明皮肤这一器官在机体维持稳态过程中是否发挥作用?"的问题,快速引导学生认知皮肤在稳态维持中有重要作用。

【设计意图】通过"痘痘能不能挤?"的问题和挤痘痘可能带来的风险,在快速导入新课的同时,提升学生健康生活的能力。进一步引导学生分析事例,明白一点点的皮肤破损,也有可能对身体稳态造成影响。使学生意识到结构完整性对皮肤执行正常功能的重要意义,形成"结构与功能观"。

(2)丰富情境,巧用材料。

【创设情境三】我们生活的空气中有大量的病菌,在呼吸过程中会被吸入呼吸道,但我们多数情况下不会被感染。由此提出"呼吸道中有皮肤或和皮肤功能相似的结构在保护我们吗?"的问题,学生通过类比学习,能够发现黏膜的功能。

【创设情境四】教师展示身体出现炎症反应,去医院抽血化验的化验单(图5-7)。

#	项目	全称	结果	单位	范围
1	WBC	白细胞总数	↑12.34	10^9/L	4—10
2	LYM%	淋巴细胞百分比	↑50.9	%	20—40
3	NEU%	中性粒细胞百分比	↓45.7	%	50—75
4	MONO%	单核细胞百分比	2.1	%	0—15
5	EOS%	嗜酸性粒细胞百分比	0.7	%	0—5
6	BASO%	嗜碱性粒细胞百分比	0.4	%	0—2

图5-7 血检报告单(部分)

【提问】医生通常通过其中的什么指标来判断身体是否有炎症反应?这说明白细胞在机体维持稳态的过程中是否发挥作用?

【提问】化验单中第2—6项的各种细胞百分比说明白细胞有多少种类型?学生通过生活经验能发现医生主要看白细胞的数量来做判断,能认识到白细胞多种多样,且和机体稳态维持相关。

【设计意图】创设呼吸道面临病原体侵袭的情境,引导学生进行类比推理,培养学生科学思维能力。同时使学生关注到身体内部黏膜的存在,加深学生对免疫系统第一道防线的认识。再通过创设抽血化验,判断身体炎症反应的情境,针对报告单进行系列提问,教授学生看报告单的方法,提高学生健康生活的能力。同时使学生认识到多种多样的白细胞协调配合维持机体稳态,树立"系统观"。

(3)结合生活实际,加深知识理解。

【创设情境五】教师提供痘痘中白色脓液成分的显微观察结果——科研人员将痘痘中的白色脓液,经台盼蓝染色制成装片,在显微镜下观察发现视野中存在大量被染成蓝色的白细胞。

【教师追问】白细胞是如何保卫人体的?学生自由发言后,教师播放巨噬细胞吞噬病菌的动画。

【设计意图】创设实验情境,培养学生分析实验结果、得出结论的能力。实验发现白色脓液中有大量死亡的白细胞,引发学生对白细胞对抗病原体机制的学习兴趣。教师播放巨噬细胞吞噬病菌的动画,使学生对白细胞的吞噬作用有直观的认知,也为后续学习抗原呈递细胞的吞噬功能做铺垫。

(4)小组合作,高效学习。

教师总结免疫系统的第一、二道防线,组织学生开展活动:阅读教材,完成非特异性免疫和特异性免疫的比较表格(表5-3)。学生通过小组合作,完成表格内容,教师组织小组代表交流分享答案后,总结过渡:结构决定功能,除了能清除外来的病原体,对于机体内部正常凋亡的细胞,免疫系统是否具备将其清除的能力呢?

表5-3 非特异性免疫和特异性免疫的比较

种类		非特异性免疫	特异性免疫
区别	来源	遗传而来,人人都有	机体在个体发育过程中与病原体接触后获得
	对象	对多种病原体起作用	主要对特定的病原体起作用
	特点	无特异性	有特异性
	基础	第一道防线和第二道防线	第三道防线
联系		起主导作用的特异性免疫是在非特异性免疫的基础上形成的,两者共同担负着机体的防御功能	

接着展示一颗痘痘的代谢过程图片(图5-8)——而对于健康人而言,只要注意保持良好的生活习惯,白色脓液将会在一周左右彻底消失。提问:这一生活事实提示我们免疫系统还具有什么功能?

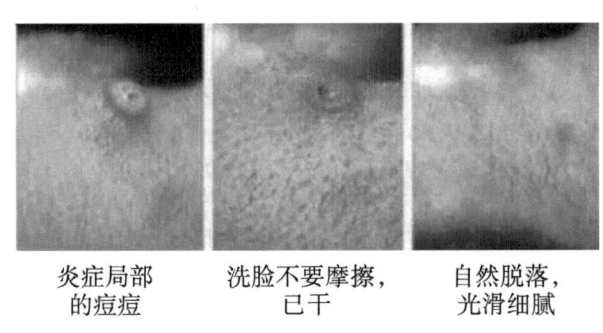

炎症局部　　洗脸不要摩擦,　　自然脱落,
的痘痘　　　　已干　　　　　光滑细腻

图5-8　一颗痘痘的完美代谢过程

【创设情境六】正常人体内,每天都有大量的细胞在生长和更新,在代谢过程中,细胞内的基因会因为环境因素而异常。即便是健康的人,体内每天也有大量细胞在发生变异。当有害的突变累积到一定程度,细胞就转变为癌细胞。提问:尽管如此,但是患癌症的人却是少数,由此推知,免疫系统还具有什么功能?

通过对以上材料的分析,学生能够更好地理解不同免疫功能涉及的对象之间的区别。教师可通过组织学生对各免疫功能和作用对象之间进行连线,以此来巩固与检测。最后再提出结构与功能相适应的观点,将学生的关注重点引回免疫系统的具体组成。

【设计意图】通过让学生完成比较表格的活动形式,落实课程标准中"概述人体的免疫包括生来就有的非特异性免疫和后天获得的特异性免疫"要求。将原本枯燥的事实性知识教学环境改为以学生为主体的活动,通过比较学习进一步深化学生对知识的理解。接着通过"结构与功能相适应"观点的推导,自然而然地引导学生对免疫系统其他功能进行探索学习。此时教师再将学生带回挤痘痘的大情境当中,一境多用,培养学生获取信息、解决问题的能力。最后提供细胞癌变和癌症的相关资料,进一步提高学生科学思维能力。

(5)略读教材,形成框架。

教师组织学生带着问题阅读教材:主要的免疫器官和细胞有哪些?几种重要免疫细胞的来源、成熟部位情况如何?免疫器官的概念是?学生阅读教材后,教师随机抽问,并做适当点评。

【设计意图】指导学生分步阅读教材,初步构建免疫细胞和免疫器官的概念模型,形成基本知识框架。落实课程标准中"举例说明免疫细胞、免疫器官和免疫活性物质等是免疫调节的结构与物质基础"要求的基础知识教学。

(6)精读教材,活动检测。

教师组织学生精读教材,学生独立思考并完成四种免疫细胞来源和功能的比较表格。

【创设情境七】教师展示提前准备好的免疫细胞结构模型,请学生上台,根据各细胞的结构特点,判断细胞模型的名称,并说出判断理由。

【创设情境八】你说我猜——教师组织课前拿到档案袋(各档案袋内容见表5-4)的同学依次上台,随机念出其中的信息,其他同学根据信息尽可能快地判断出细胞类型。

表5-4 档案袋内容

档案袋1	档案袋2	档案袋3	档案袋4
·我在特异性免疫中发挥重要作用 ·我还有其他功能等待着同学们在下一节学习	·我在特异性免疫中发挥重要作用 ·我的作用之一是摄取、加工处理抗原 ·我的作用之一是将抗原信息暴露在细胞表面,呈递给其他免疫细胞 ·我还有其他功能等待着同学们在下一节学习	·我的作用之一是吞噬消化抗原 ·我的作用之一是处理并呈递抗原	·我的作用之一是吞噬消化抗原 ·我的作用之一是处理并呈递抗原 ·我的呈递和吞噬功能都超级强大

学生积极参与，充分思考，能够发现不同种类的免疫细胞可能具有相同的功能，从而更好地理解各种细胞的特有功能。

【设计意图】通过对比学习，指导学生精读教材，加深对几种免疫细胞的认识。随后，教师组织开展建构"免疫细胞结构模型"的学生活动，使学生在解决实际问题的过程中，将抽象知识具象化，掌握免疫细胞的形态特点。再改变活动形式，将教学过程游戏化，提高学生参与度的同时，使学生认识到几种免疫细胞功能的相似性与差异性。

（7）建构模型，难点突破。

教师对上一环节进行总结过渡：不同种类的细胞有自己的特有功能，也有相似的功能，如摄取、处理和呈递抗原，这个过程到底是如何进行的呢？

【创设情境九】播放树突状细胞呈递抗原的动画后，教师展示提前准备好的、用超轻黏土制作的树突状细胞和病原体模型，请同学上台用模型展示自己理解的树突状细胞呈递抗原的过程。（图5-9）

图5-9 抗原呈递过程模型

学生上台完成展示——将抗原移动到树突状细胞的突起表面上。教师进行总结：B淋巴细胞、树突状细胞和巨噬细胞均能摄取、处理和呈递抗原，称为抗原呈递细胞。

教师提供材料：免疫活性物质——抗体，是能够使抗原灭活的物质，二者结合规律如图5-10，试归纳抗原和抗体的关系。学生根据图示信息，思考、讨论后总结出：一种抗原和一种抗体特异性结合。

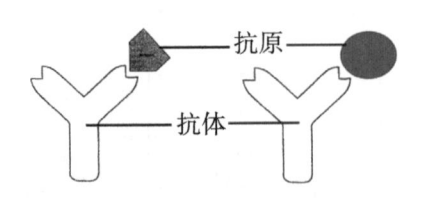

图5-10 抗原和抗体结合原理示意图

【创设情境十】将新冠康复者的血清（含抗体）输给感染者，能够起到治疗作用吗？为什么？

学生用所学知识快速作答，完成对免疫活性物质相关知识的突破。

【设计意图】提供动画和抗原呈递过程物理模型，将抽象的抗原呈递过程形象地演示出来，帮助学生理解抗原呈递细胞的功能。再提供"抗原抗体特异性结合模型"，提高学生识图能力的同时，深化学生对抗原抗体专一性结合特点的认知。最后关注社会热点问题，让学生在解决实际生活问题的过程中提高个人的社会责任感。

(8)联系生活，锻炼思维。

【创设情境十一】某人不慎右足底被刺伤，未做任何处理。3天后伤口有轻度肿痛，第5天开始出现高热现象，右侧腹股沟疼痛，行走明显感觉不便。提问：从免疫学的角度考虑，该人右足底被刺伤后，出现局部感染，为什么右侧腹股沟淋巴结会肿大、疼痛？

此问题难度较大，需要教师结合免疫器官的图示，引导学生分析发现各个免疫器官之间不是相互独立的，而是借助血液循环和淋巴循环互相联系、共同合作的，以此完成对免疫器官相关知识的学习。

【设计意图】提供复杂情境，促进学生在解决实际生活问题的过程中，将免疫器官、免疫细胞、免疫活性物质三部分的知识进行归纳整合，形成"系统观"。完成课程标准"举例说明免疫细胞、免疫器官和免疫活性物质等是免疫调节的结构与物质基础"的要求。

(9)作业联系生活，培养核心素养。

笔者将本节"问题探讨"中关于是否切除扁桃体的讨论，布置为思考性课后作业，切实培养学生的生命观念和科学思维能力。

二、教学反思

高中生物学事实性知识的教学，应以情境化教学为基本思路，合理选择生活化情境，反复推敲每一个情境的必要性，避免出现为了丰富情境而增设情境的情况。以适宜的情境激发学生学习兴趣，丰富课堂活动形式，每一个情境下的学生活动应尽可能不同，以此充分调动学生的积极性。情境化教学不只局限于课堂教学之中，课后作业也是情境化教学的重要环节。可联系生活实际，设计多样化作业，助力学生核心素养提高。

高中生物教学中融入思政元素提升社会责任的探索
——以"生物多样性及其保护"教学为例

重庆市璧山中学校　彭莉

【摘要】本文以人教版高中生物选择性必修2"生物多样性及其保护"为教学案例,探索了高中生物教学中融入思政元素的有效策略。将生物多样性的概念和内涵、价值、现状、丧失的原因、保护及合理利用等六大知识体系,与生态文明、可持续发展、消费观、辩证法、市场调节、公民责任及绿色发展等思政元素深度融合,旨在提升学生的思政素养、综合能力与社会责任感。文章进一步阐述了这种融合教学的教学价值,包括增强学生生态文明意识、激发社会责任感、提升跨学科素养与创新能力、丰富教学形式以及实现立德树人的教育目标,为高中生物教学的改革与发展提供了新思路与实践路径。

【关键词】高中生物教学;思政元素;生物多样性;社会责任;思政教育

在新时代教育改革的浪潮中,高中生物教学面临着新的机遇与挑战。新课标的出台,不仅明确了高中生物教学的目标与方向,更强调了思政元素融入的重要性,旨在培养学生的思政素养与综合能力。同时,新教材的使用为教学提供了更加丰富多样的资源,而探索高质量课堂则成为提升教学质量的关键。在此背景下,本文旨在探索如何将思政元素有效融入高中生物教学,特别是以人教版高中生物选择性必修2第4章"人与环境"第2节"生物多样性及其保护"为教学载体,通过结合统编版高中政治的相关内容,提升学生的社会责任意识,同时积极响应落实新课标,用好新教材,探索高质量课堂的行管要求,为高中生物教学的改革与发展贡献力量。

一、"生物多样性及其保护"内容概述与教学新要求

"生物多样性及其保护"在高中生物课程中占据着举足轻重的地位,其独特的学科特性和时政内涵为学生打开了一个广阔的知识视野。教材全面阐述了生物多样性的三大维度:遗传多样性、物种多样性及生态系统多样性,而且着重强调了生物多样性的多维度价值,让学生深刻理解到保护生物多样性就是保护人类自身的

未来。面对生物多样性保护日益严峻的形势,教材没有回避挑战,而是直面问题,分析了栖息地丧失、资源过度利用、全球气候变化等威胁因素,并提出了科学有效的保护策略。

在新课改的背景下,这一章节的教学更要结合新时代要求,教师应充分挖掘教材中的思政元素,如生态文明建设和人与自然和谐相处的理念,将这些思想深植学生心中。通过案例教学、小组讨论等形式,激发学生思考,培养其批判性思维和解决问题的能力,同时强化其环保责任感和社会担当意识。这样的教学方式,既能够丰富学生的知识体系,又能提升思政素养,为学生的全面发展及持续学习奠定基础。

二、基于新课标理念在新教材中融入思政元素的策略

在新课标理念的指导下,将生物多样性相关内容与思政元素有机融合,是提升新教材教育价值、培养学生综合素质的重要途径。下面将结合本节内容中涉及的六大知识体系,具体探索思政元素的融合策略。

1.生物多样性的概念及内涵与思政元素的融合

生物多样性作为自然界不可或缺的基本特征,更是地球生命体系稳固的基石,它涵盖了遗传多样性、物种多样性和生态系统多样性这三个紧密相连、互为支撑的层次。这一概念与高中政治必修教材中着重阐述的生态文明、可持续发展等核心理念高度融合,共同为人类与自然和谐共生的宏伟蓝图奠定了坚实的理论基础。

遗传多样性如同社会创新发展的不竭源泉,为生命的不断进化提供了无限的可能性和潜力;物种多样性则如同社会形态的多元化,生动映射出物质文明和精神文明的发展状态,更彰显着生命形式的丰富多样;而生态系统多样性更是站在哲学的高度,深刻诠释了整体与部分、联系与发展的内在逻辑,时刻提醒我们,地球上的每一个生命体都是这张庞大生命网络中不可或缺、相互依存的一环。

通过全面而深入地剖析生物多样性的丰富内涵,我们不但能够引导学生深刻领悟生物多样性对于地球生态平衡的重要性,还能够有效地点燃他们的创新思维火花,悉心培养他们的生态意识,帮助他们逐步树立起全局观和整体观。这对于促进学生全面发展,使其成长为兼具责任感与使命感的时代新人,无疑具有举足轻重的意义。

2. 生物多样性的价值与思政元素的融合

生物多样性的多维度价值,不仅展现了自然界的丰富与神奇,更与思政教育紧密相连。其直接使用价值,如食用、药用等,不仅满足了人类的基本需求,也成为了高中政治经济生活中的重要议题。这引导学生们认识到,在追求经济发展的同时,必须坚守生态保护的红线,学会在资源开发与环境保护之间找平衡点。而生物多样性的间接使用价值,更是生态文明建设的直观教材。它让学生深刻理解到,自然环境不仅是人类生存的基础,更是维护地球生态平衡的关键。这种认识有助于培养学生的环保意识,激发他们对生态文明建设的责任感和使命感。此外,生物多样性的潜在价值中也蕴含着广泛的思政元素,鼓励学生保持探索精神和创新精神。这种对未知的好奇和追求,是对科学精神的传承和社会责任感的培育。

通过对生物多样性价值的学习,学生们将更加明白,保护生物多样性就是保护人类自己的未来,从而更加积极地投入到可持续发展的实践中去。

3. 生物多样性的现状与思政元素的融合

生物多样性的减少是生态失衡的警示,能引起人类对发展模式的深刻反思。将这一现状融入思政教育,旨在传递知识的紧迫性,并激发学生保护生物多样性的责任感和行动力。

在高中生物课程的思政育人中,我们可以深入探讨政府作为生态守护者的角色,分析其如何通过制定严格的环保法律、实施生态补偿机制等措施,来平衡经济发展与生态保护的关系。同时,引导学生认识到,公民不仅是环境受益者,更是保护行动的主体,鼓励他们从日常生活做起,比如减少塑料使用、参与植树造林等,以实际行动支持生物多样性保护。在国际视野下,生物多样性保护是全球共同的责任。通过案例分析,让学生理解国际合作框架如《生物多样性公约》的重要性,以及各国怎样通过技术共享、资金援助等途径共同协作。这样的教学方式,不仅加深了学生对国际合作原则的理解,也培养了他们面对全球性问题时的合作精神和国际担当,为培育具备国际视野与责任担当的新时代青年打下坚实基础。

4. 生物多样性丧失的原因与思政元素的融合

生物多样性丧失的根源,在于人类对自然资源的无序开发与利用,这背后反映出的是市场经济下部分主体对短期经济利益的盲目追逐,忽视了长远生态效益的可持续性。

在高中思政教育中,我们须深刻剖析这一现象,引导学生理解并践行市场经济中的道德规范,认识到企业与社会在追求经济效益的同时,必须承担起保护生态环境的责任。同时,政府作为监管者,其责任与职能的履行至关重要。通过分析监管缺失的案例,教育学生理解强化法律法规、严格执法对于遏制生物多样性丧失的意义。此外,提升公民素养与义务意识也是不可或缺的内容。鼓励学生从自我做起,培养尊重自然、保护生物多样性的生活习惯,将生态保护融入日常,形成全社会共同参与的良好风尚。唯有如此,我们才能构建起人与自然和谐共生的美好未来,确保地球生物多样性的永续发展,为后代留下一个更加繁荣、健康的生态家园。

5.生物多样性保护与思政元素的融合

生物多样性保护,是维护地球生命网络、确保自然资源永续利用的基石,对人类社会的可持续发展具有不可估量的价值。

在教学中,不仅要详尽阐述就地保护(如建立自然保护区)、迁地保护(如动植物园的设立)等具体措施,更要深刻揭示政府作为政策制定者与执行者的核心作用,以及其在资源配置、法律法规制定上的重大责任。同时,还要强化教育与法制管理的重要性,这不仅关乎公民环保意识的提升,更是实现生物多样性保护法治化的必由之路,与高中政治课程中文化教育、法治观念的培养紧密相连。在此基础上,积极倡导一种更为深远的理念——合理利用与绿色发展。引导学生认识到,经济发展不应以牺牲环境为代价,而应探索生态友好型的发展模式。鼓励他们成为绿色生活的践行者,学会在经济发展、社会进步与环境保护之间寻找最佳平衡点,携手促进人与自然和谐共生,共创可持续发展的美好未来,让地球母亲因我们的智慧与行动而更加生机勃勃。

6.生物多样性的合理利用与思政元素的融合

生物多样性的合理利用,不仅是生态平衡的关键所在,也是人类社会可持续发展的驱动力。

在科研领域,它如同一个无尽的知识宝库,为新药研发、生物技术等的创新提供了无限可能,这与高中政治课程中强调的创新驱动发展战略紧密相连,激励学生认识到科技创新对于国家发展的重要性,以及保护生物多样性对科技创新的基础性作用。

在医药探索中,生物多样性展现了自然界的奇迹,许多传统药物源自野生生物,这不仅体现了生物多样性是人类健康的守护者,也体现了"天人合一"的哲学理念,旨在引导学生思考人与自然和谐相处的深刻内涵。

在工业利用方面,生物多样性为食品、纺织等行业提供了丰富的原料,但必须强调绿色开采与循环利用的重要性,确保经济活动不损害生态基础。

同时,生物多样性的美学价值是审美教育的生动教材,山川湖海的壮丽、花鸟鱼虫的灵动都是自然赋予的美学财富。通过审美教育,不仅能提升学生的艺术鉴赏力,更能激发他们对自然的敬畏与保护意识,培养具有生态文明观念的新时代青年。

三、高中生物教学中融入思政元素的教学价值

将思政元素融入高中生物教学,具有显著的教学价值。它不仅能够增强学生的生态文明意识,使他们深刻理解人与自然和谐共生的重要性,还通过探讨生物技术应用与伦理问题等议题,激发学生的社会责任感和公民意识。这种融合教学要求学生具备跨学科素养,能够提升他们分析问题、解决问题的能力,以及批判性思维和创新能力。同时,思政元素的加入丰富了教学形式,让生物课堂焕发活力,激发学生探索热情。尤为关键的是,它助力达成德育目标,引导学生在生物学学习中树立正向三观,培养其爱国情感、社会责任及创新意识。

总之,思政元素与高中生物教学的结合,是提升学生综合素养、实现全面发展的有效途径,值得我们在教育实践中深入探索和推广。

参考文献:

[1]邱乐泉,汤晓玲,汪琨,等.思政元素有机融入生物化学课程教学的实践与探索[J].生命的化学,2021,41(7):1653-1659.

[2]王芸,吴一凡,周璨林.高中生物教学中思政元素的挖掘与融入探索[J].教育观察,2023,12(20):116-119.

[3]王颖.高中生物学教材中社会责任的素养的内涵与体现[J].课程·教材·教法,2020,40(2):125-131.

[4]朱玲玲,胡雪峰.融"思政元素"于高中生物学教学的设计与思考——以"免疫调节"单元为例[J].中学生物教学,2023(33):4-7.

以"霜降"节气为例开展实践活动揭秘二十四节气

重庆市璧山中学校　　彭静

【摘要】随着"五育"并举和立德树人的大力提倡,素质育人的成果需要学生综合实践能力来体现。本文立足生物学视角,开展实践活动课程,将生物学科核心素养中的生命观念、理性思维、科学探究和社会责任充分体现在每一个教学环节,并在实现生物教学的过程中弘扬中华传统文化——二十四节气,让学生既能从实践活动中理解、应用生物学科知识,又能增强民族自信心和自豪感。

【关键词】实践活动;生物学科核心素养;二十四节气;霜降

二十四节气是我国先民通过对自然现象的长期观察、探索、记录和提炼,总结其规律形成的代代相传的生存智慧,是伟大的中华儿女的智慧结晶。自2016年11月30日,中国申报的"二十四节气——中国人通过观察太阳周年运动而形成的时间知识体系及其实践"成功入选联合国教科文组织人类非物质文化遗产代表作名录后,中学语文、地理、美术和生物等学科都从自己的学科视角中挖掘并开发节气中蕴含的课程资源,以传承和弘扬中华优秀传统文化。

二十四节气是一个具有丰富内涵的庞大知识体系,它探索着时令、气候、物候变化规律,千百年来一直指导着黄河流域的农事活动。古人以五日为候,三候为气,六气为时,四时为岁,每岁二十四节气,七十二候应,因此节气和候应演化成了"气候"一词。其中延伸出的人与自然和谐相处的生态观、动植物变化规律、农事生产技术、健康理念等都与生物学科有着千丝万缕的联系。笔者尝试以"霜降"节气为例,从生物学角度揭秘二十四节气,带领学生在实践中感受节气里蕴含的生物学奥秘。

一、"霜降"节气中生物学的切入点

草木黄落,虫鸣消失,动物蛰伏,愈发寒冷的天气让大地"染"上了别样的秋色——这是文人对霜降节气的描述。霜降是秋季的最后一个节气,各地气温陡降,古人将此节气的特点总结为"霜降三候":一候豺乃祭兽,二候草木黄落,三候蛰虫咸俯。此三候语中都体现了动植物积极改变自身以适应寒冷环境的到来。其中,以豺狼为代表的兽类通过大量捕食、囤积食物来准备越冬,以蛰虫为代表的具有冬眠习性的动物大多都开始进入一种不吃不动的休眠状态,而植物也在低温到来时产生了一系列的生理变化,比如"金黄秋装衬银杏,丹霞恰配乌桕红"中描述的植物叶片颜色发生改变、打霜后的萝卜也会变得更甜等,这些生理、行为的变化都是动植物适应霜降时节低温到来最好的例子。此外,霜降时节人们有吃柿子、赏菊花、赏落叶、播种农作等习俗。以动植物在霜降时节表现出的行为特点和人们的习俗、农业生产生活为切入点开展节气课程,是从生物学角度带领学生揭秘二十四节气的不二选择。

二、结合习俗开展实践活动揭秘二十四节气

笔者将霜降一课设置在 2019 年 10 月 24 日开讲,当天正是霜降之日。课堂从提前"偷"摘柿子的小故事开始,通过了解柿子成熟的时间引入霜降,介绍霜降时节黄河流域的气候特点以及霜降时节重庆的气候特点,从而带领学生开启一场神秘的霜降之旅。

笔者以时间为主线,一候为一站,将本次旅途分为三站,它们分别是:第一站——豺乃祭兽,对应介绍赏菊习俗,本站运用生物学知识开展实践活动,如彩色菊的制作;第二站——草木黄落,对应介绍赏落叶习俗,本站结合重庆地域景色,从生物学角度探究叶片变装的奥秘和打霜菜变甜的原因;第三站——蛰虫咸俯,对应播种习俗,从生物学角度探究选种的原则。

第一站豺乃祭兽,通过介绍豺狼的储食越冬行为解释动物对低温环境的适应,再引用诗人对豺狼行为的描述——"风卷清云尽,空天万里霜。野豺先祭月,仙菊遇重阳"印证此时气候的变化,并过渡引出赏菊习俗。结合上一个节气中"寒露三候"中的"菊有黄华"和谚语"霜打菊花开"开展以白色菊花为原料,利用植物导管的运输功能制作彩色菊花的实践活动。课堂中实践活动的开展能够极大地激发学生对生物知识的探究热情,进一步使得学生的生物思维得到有效的培养。由于导管的运输需要一定的时间,笔者要求学生用牛皮纸袋罩住菊花,等到课堂的尾声再一起赏菊,从而让学生对课堂充满期待。趁此等待时间,正好过渡进入第二站。

第二站草木黄落,为本节课的核心内容。通过山城本地景色——霜降时节北碚缙云山披金装,巫山三峡穿红衣引入叶片变装的奥秘。植物叶片之所以能表现出不同的颜色,其实与叶片中的色素含量相关。笔者提前录制"叶绿素的提取和分离实验"视频,提示学生色素带越宽表示该种色素含量越多。事实上只靠教师单纯

的课堂教学模式是很难把抽象的理论具体化的,因此笔者结合初中生具有从形象思维向抽象思维过渡的心理特点,利用学生的好奇心、好胜心,激发学生的探究热情,使学生的学习心理从"要我学"转变为"我要学",从而能更好达到"在做中学"的效果。为此,特意设计了"解锁叶片变装的奥秘"探究活动来检验学生是否理解色素含量的变化会导致叶片颜色的改变。此活动中包含三个任务,学生需要在规定时间内独立阅读教材再合作完成任务,并确定代表展示结果。

其一,"绿叶任务",思考绿叶中有多种色素,为何却呈现出绿色,并利用教师提供的材料制作绿叶的色素条带模式图。

其二,"黄叶任务",思考与绿叶相比,黄叶中什么色素含量减少,并制作黄叶的色素条带模式图。

其三,"红叶任务",思考与绿叶相比,红叶中什么色素含量增多,什么色素含量减少,并制作红叶的色素条带模式图。

此三个任务同时进行,这样设计本着以学生发展为本的理念,通过自主、合作、探究的学习方式,尊重学生的主体地位,充分调动学生积极性、主动性和创造性。学生展示交流时,教师追问"是什么因素导致叶绿素含量减少,又是什么因素导致花青素含量增多",通过层层推理,强化生物学逻辑思维能力,总结出叶片变装其实是对低温环境的一种适应。

为了巩固这样的逻辑思维能力训练,笔者用生活中的谚语"处暑高粱白露谷,霜降到了拔萝卜""霜打菜心甜"引发学生思考为什么霜降节气后的萝卜会更甜。再通过由表及里、由浅入深的分析得出:气温降低后,一方面萝卜会发生应激反应使葡萄糖含量增加,另一方面植物细胞呼吸作用减弱,糖分消耗减少,从而使得植物细胞液浓度增加。学生在分析过程中会产生疑问:细胞液浓度增加会有利于植物抵抗低温环境吗?笔者播放了一个模拟实验视频来为学生解惑:分别将等量的0%、10%和30%浓度的蔗糖溶液放置于同一低温条件下,一段时间后同时取出发现,0%浓度的蔗糖溶液已结冰,10%浓度的蔗糖溶液表面有明显冰晶形成,而30%浓度的蔗糖溶液表面完全无冰晶形成。这样的模拟实验浅显易懂,将抽象的知识具体化,充分证明液体中糖分浓度高可有效降低冰点,植物就是以这样的低温适应机制来预防冻害,也因此机制使得打霜后的瓜果更甜了。植物有这些特殊的生理机制来适应低温,那么动物是否也有特殊机制呢?从而过渡进入第三站。

第三站蛰虫咸俯。简单介绍蛰虫们在霜降时开始准备咸俯,咸俯即冬眠的意思,待立春时节"蛰虫始振"醒来活动,在秋分时节"蛰虫坏户"开始计划修建冬眠"住所",这是动物们对低温到来的适应。其实二十四节气文化的存在一直指导着人们的农耕生活,蛰虫咸俯时刻的人们却并不能够"咸俯",此时节有哪些农业活动呢?笔者以重庆本土谚语"寒露麦子霜降豆"引出霜降时节重庆地区的农业生产活动——播种蚕豆,并以此为切入展开实践活动——选种播种,要求学生从煮熟的、干瘪的、饱满的蚕豆中选择出合适播种的蚕豆,且需说明这样选择的原因,并要求课后将选出的种子进行播种,记录种子萌发的过程。此任务的安排旨在将实践活动从课堂上延伸至课堂后,弥补时间不足的缺陷,也给学生更多的主动探究机会。

课程的最后一个环节是欣赏同学们自制的彩色菊花和对二十四节气这一中华传统文化的歌颂。二十四节气是世界非物质文化遗产之一,它是古老农耕文明的时间智慧,它是我们认知时令、物候的文化瑰宝,它也是我们"未完待续"的文化,它需要我们每一个中国人去传承、去品味!最后呼吁孩子们一起做好中华文化的传承人!本环节的设计正好契合教育部要求的落实"立德树人"的根本任务,以发展学生的核心素养为宗旨,加强中华优秀传统文化教育,增强学生民族自信心和自豪感。

三、立足生物学科视角揭秘二十四节气的实践课

《教育部关于全面深化课程改革落实立德树人根本任务的意见》中提出了培养中学生核心素养的观点,生物学科核心素养包含:生命观念、科学思维、科学探究和社会责任。我认为要落实生物学科核心素养的关键,就在于教师要多组织以探究为特点的主动学习和实践活动。笔者设计本堂课时,时刻以发展学生生物学科核心素养为出发点:在探究活动之解锁叶片变装的奥秘和探究"打霜菜,味儿更甜"的原因中,通过引导学生层层分析和推理得出叶片变装、打霜后萝卜更甜都是植物对低温环境的适应机制,此环节通过科学探究活动的开展,有效训练学生的理性思维;在实践活动之制作彩色菊和选种播种中,通过教师的提示让学生在动手实践后感受生命的奇迹,形成尊重生命的观念;课堂最后环节对二十四节气的歌颂,呼吁同学们积极成为中华传统文化的传承人,是对生物学科核心素养中"社会责任"的最好践行。

总体来说,此课程以二十四节气为线索,融入重庆地域特征,从生物学科的视角去解读、揭秘动植物在节气里的变化。通过实践活动的开展,培养学生的学科核

心素养,在帮助学生形成生命观念的同时,着重将学科核心素养——科学探究的培养贯穿其中,关注科学思维方法的训练,渗透社会责任意识的教育。课程中既能体现出学科的深度,加深学生对生物学科知识的理解和应用,又能让学生在课堂中感受并传承中华民族的优秀传统文化,培养了家国情怀,增强了民族自信心和自豪感,充分发挥了实践课程的育人功能。

参考文献:

[1]吕涛,刘慧琪.围绕二十四节气开发初中生物学选修课程的探索[J].生物学教学,2019,44(9):61-63.

[2]付梅."二十四节气"在初中生物实践活动中的应用研究[D].重庆:重庆师范大学,2019.

[3]郑新西.初中生物课外实践活动的开展实践探讨[J].福建教育学院学报,2020,21(2):20-21.

[4]谭大鹏.浅谈如何利用生物课外实践活动培养初中生的探究能力[J].教育教学论坛,2014(28):100-101.

基于"学、教、练"三段式教学模式的病毒教学设计

重庆市璧山中学校 唐瑶

【摘要】 以人类发现、认识病毒的过程为情感线索,通过"学、教、练"三段式教学模式引导学生学习病毒的主要特征以及病毒与人类的关系。

【关键词】 三段式教学;初中生物;病毒;教学设计

为提高学生的自主学习能力、创新精神和实践探究能力,璧山区开展了以"学、教、练"为基本范式的课程改革,即学生先学、教师再教,最后通过练习巩固所学的知识。我们学校又将学、教、练三阶段细化为五个教学课改要素,即"自学、互学、展学、教师点拨、检测"。课堂学习中五个课改要素可以打乱进行,还可以选其中两种或三种综合进行,总之根据学习目标、课程类别,进行灵活处理,不必僵化。本文就

以人教版八年级上册"病毒"为例,证明如何运用"学、教、练"模式构建初中生物课堂。

一、教材分析

本节课内容来自人教版八年级上册第五单元第五章的内容。教材介绍动物、细菌、真菌后,在本章介绍病毒。在学生学习有细胞结构的生物后,再学习病毒这类特殊的生命形式,有利于学生整体把握生物界的几大类群。

本节课的主要内容包括病毒的种类、结构、生活及与人类生活的关系。学生学习了"除病毒外,生物由细胞构成""生物的结构层次""细菌和真菌"等内容,这些是学习"病毒"的基础。通过本节课的学习,学生进一步认识到没有细胞结构的病毒也是生物。同时认识到病毒与人类生活的关系,既给人类生活带来危害,也可以为人类所利用。

二、学情分析

学生前概念:病毒是一类与细菌类似,很小,且对人类有害的生物。病毒与我们人类的生活息息相关,学生对病毒的学习兴趣比较浓厚。学生对细胞有了一定的认识,病毒与细胞在结构、形态和大小方面都有差异,学生可以通过对细胞的认识帮助理解病毒。

三、教学目标

(1)学生能够描述病毒的主要特征,以及病毒与人类生活的关系。

(2)培养学生自主学习能力、创造能力、理解表达能力。

(3)学生关注病毒与人类的关系,树立健康的生活态度和一分为二看待事物的辩证的观点。

四、教学过程

1.情境导入

【教师提问】你知道中国在位时间最长的皇帝是谁吗?回答:康熙皇帝,在位61年。提问:康熙皇帝八岁登基,你知道他为什么会当上皇帝吗?回答:当时流行一种疾病叫作天花,大多数人因为天花死亡。人们有一个经验,只要得过一次天花的人就再也不会得天花。康熙是众多皇子中唯一一个得过天花并且痊愈了的皇子,这是他能够当上皇帝的重要原因之一。提问：你知道天花是由什么微生物引起的吗？回答：天花病毒。从而引出学习主题——病毒。

【设计意图】通过康熙皇帝继承皇位的野史，吸引学生的兴趣，层层追问，引出学习的主题——病毒。

2.学习活动一：发现病毒之情景再现

古人并不知道天花是由病毒引起的，直到19世纪，科学家伊万诺夫斯基发现了病毒的存在。通过四位学生课前准备的情景剧表演让所有学生回到19世纪领略科学家发现病毒的过程。

（表演情景剧）

旁白：（站在教室门口的另一边）伊万诺夫斯基是一个非常有天分的科学家，而且非常勤奋，热衷于科学实验。有一天，伊万诺夫斯基像往常一样在实验室做实验，突然，门铃响了。叮咚、叮咚、叮咚……

第一幕

伊万（讲台上做实验）。

农民（从教室门口跑入，拿着烟叶）：尊敬的伊万诺夫斯基先生，终于见到您了，我们村出大事了，您可一定要帮帮我们啊！（表现得很着急）

伊万：不慌不慌。

农民：我们村是以种烟叶为生的，不知道怎么回事，这几天地里的烟叶全部长满了疮斑，像火烧一样，从一片窜到另一片，大部分的烟叶绝收，你说我们该怎么办啊？这是生病的烟叶。（递给伊万）

伊万（仔细看看烟叶）：我从来没有见过生病成这样的烟叶，这样吧，你先回去，过几天我一定给你满意的答复。

农民：那就拜托您了，拜托了，拜托了……（离开）

伊万：不客气，再见。（挥手）

第二幕

伊万：怎么会这样，会不会是细菌引起的呢？

助手：先生找我什么事？

伊万：把这个拿下去，打成汁，用细菌过滤器过滤几遍。（助手离开讲台）

助手（回到讲台）：先生，我已经用细菌过滤器过滤好几遍了。（汁液递给

伊万，离开）

　　伊万：接下来我把过滤后的汁液注射到正常烟叶上。（面向同学们演示）

　　旁白：几天过后。

　　伊万：正常的烟叶还是患病了，什么东西比细菌还小呢？就叫滤过性病毒吧！

　　学生表演后，教师带领学生再次回顾伊万诺夫斯基的实验过程。提问：人们当时看见病毒的样子了吗？由于技术限制，直到20世纪发明了电子显微镜，才第一次观察到病毒，并渗透技术的发展会推动科学进步的观点。

　　【设计意图】通过情景剧表演，带领学生领略科学家发现病毒的过程，让学生感知，其实很多科学研究都是来源于生活中的小问题。人们虽然知道病毒的存在，但直到发明了电子显微镜才看到病毒，渗透技术的发展会推动科学进步的观点。

　　3.学生活动二：认识病毒之结构、种类、繁殖

　　出示艾滋病病毒准备侵入细胞的图片，让学生对比病毒与细胞大小的区别：病毒要比细胞小得多。提问：这么小的病毒，它有怎样的内部结构，又是怎样繁殖的呢？让学生带着问题自学教材，小组讨论后回答有关问题：①病毒的结构是怎样的？你能用手中现有的学习工具制作简易的模型或者直接模拟病毒吗？②病毒能不能独立生活？它是怎样繁殖的？离开了活细胞，它又是怎样生活的？③我们可以把病毒分为哪几种类型？

　　学生很容易找到，病毒的结构是由蛋白质外壳和内部遗传物质组成。接着教师给出动植物细胞的结构图，让学生比较病毒与动植物细胞的差别，得出病毒没有细胞膜、细胞质、细胞核等，所以没有细胞结构。有的小组想出可以直接用笔、笔袋等来模拟病毒，如笔芯就相当于内部遗传物质，笔壳就相当于蛋白质外壳。对于有困难的小组，教师可以在巡视的时候给予一定的提示：病毒是由几部分组成的，我们周围的什么东西是由两部分组成的或者可以直接制作两部分出来呢？

　　学生可从教材内容和讨论得出病毒的生活方式是寄生，不能独立生活；繁殖则是靠自己遗传物质中的遗传信息，利用细胞内的物质，制造出新的病毒；病毒离开了活细胞能形成结晶体。但对于病毒的繁殖，学生从教材的文字上还是很难理解，难以由抽象的文字形成形象的思维。这时给学生播放一个病毒侵入细胞繁殖的Flash动画，从吸附—注入—复制—合成—释放五个方面形象地向学生展示病毒的繁殖，加深学生对病毒繁殖的理解，指出病毒的繁殖方式为自我复制。

对于病毒的种类,学生也能够很容易地根据寄主的不同将其分为动物病毒、植物病毒和噬菌体(细菌病毒)。教师可以继续让学生举例动物病毒、植物病毒和噬菌体分别有哪些,加深学生的理解。

学习完病毒的主要特征后,教师通过表格(表5-5),引导学生对比病毒、细菌、真菌的区别。可让一名学生上台展示,同组或其他组的同学再对这名同学完成的效果进行评价。

表5-5 病毒、细菌和真菌比较

类别	病毒	细菌	真菌
细胞组成 (单细胞/多细胞)			
主要结构特征	没有_____结构,由___和_____组成	细胞内_____成形的细胞核	细胞内_____成形的细胞核
营养方式 (自养/异养)			
生殖方式			

【设计意图】认识病毒这个环节是本节课的重难点,教材中也给出了比较详细的介绍,结合"535"教学模式,先让学生自学,再小组互学,通过模型展示、展台、个体回答、集体回答等多种方式展学,教师在这个过程中通过动画、举例等方式对重难点进行点拨,最后通过与细菌、真菌作比较来进行简单的检测,组内组间对结果进行评价,促进学习问题的解决。

4.学习探究三:利用病毒之"变害为利"

病毒作为生物圈中的一员,与人类有着千丝万缕的联系。教师给出一些与病毒有关的例子(如:艾滋病、脊髓灰质炎、口蹄疫、狂犬病、手足口病、禽流感、核型多角体病毒等),学生有的没有听过,有的听过却不是很了解。提问:生活中,我们可以怎样去了解这些例子呢?学生会想到上网查资料。教师随后在课堂演示如何通过查阅了解艾滋病。由于课堂环境的限制,不能一一查阅,教师将已经上网查阅到的资料截取给学生,引导学生以小组为单位阅读导学案上的资料(每个小组出示不同的学习材料),学习完成后将所学的知识分享给大家。学生展示后,教师可对艾滋病的原理和传播、疫苗的原理、基因治疗的原理等重难点进行补充,完善学生的理解。

学习材料示例——病毒载体:基因治疗的"运输工"。

思考：基因治疗与病毒有什么关系，给我们带来了怎样的影响呢？

对于许多人来说，可能会"谈病毒色变"，但其实病毒也并非我们想象中那样的"十恶不赦"，病毒由于其特殊的机构功能模式，在进行一定的科学处理后，成为精准医疗领域重要的工具之一。

精准医疗，特别是基因治疗，需要实现的一项关键技术就是将目标基因导入目标个体中，以替换掉原来不好的基因，这就需要一套高效的基因传送系统。而病毒因为可以自然感染细胞，其本身要有一套高效机制将基因转入细胞中，因此是基因治疗的天然优质载体。基因治疗的病毒载体（归属于病毒基因工程学），也正是吴小兵的主要研究方向。

"很多人会担心病毒进入人体中会引发一系列不良后果，其实这在精准医疗的技术层面完全可以避免。设计任何一种病毒载体时，最重要的便是将病毒本身会致病的基因剔除，同时也须避免病毒发生突变而产生有传染力且会致病的病毒。"吴小兵说。（截自人民政协网）

教师引导学生总结病毒会引起人或动植物患病，对人类有害。随着科学的发展，人类了解病毒的生命活动规律后可以利用病毒制造疫苗、进行生物防治，甚至完成基因治疗或转基因，达到对人类有利的效果。从而辩证地让学生理解病毒与人类的关系，即对人类既有利又有害。

【设计意图】通过课外的资料，使学生自学互学艾滋病、疫苗、病毒生物防治、基因治疗等与病毒的关系，小组交流展示学习成果，理解病毒有害的一面和有利的一面，使学生辩证地理解病毒与人类的关系。在这个过程中还教授学生课后学习的方法，将课堂学习延伸到课外。

5. 盘点收获

【教师提问】本节课就学到这里，病毒是一种长期与我们人类共存的生物，但我们对病毒的了解仍然是有限的，需要我们人类继续去探索……回顾这节课，你有哪些收获？

【设计意图】通过收获环节，学生能够及时反省学习过程，只有善于总结，才能不断进步，并且在学生心中种下不断学习、勇于探索的种子。

6. 评价反馈

在智慧校园系统点击"课堂练习"按键，导入精编的3道试题，考查学生当堂学习效果，通过"数据分析"分析学生的正确率以及错误选项的分布。

(1)烧伤病人容易感染绿脓杆菌,人们利用绿脓杆菌噬菌体来治疗,能有效控制绿脓杆菌的感染,由此判断绿脓杆菌噬菌体是一种(　　)

　　A.动物病毒　　　　　　　　B.细菌病毒

　　C.植物病毒　　　　　　　　D.细菌

(2)下列关于H7N9禽流感病毒的叙述正确的是(　　)

　　A.是植物病毒　　　　　　　B.具有细胞结构

　　C.繁殖方式为分裂生殖　　　D.离开寄生的活细胞不能进行生命活动

(3)下列哪一项不是利用病毒为人类服务的实例(　　)

　　A.无脊椎动物病毒制成杀虫剂

　　B.给高烧病人注射青霉素

　　C.用噬菌体治疗烧伤病人的化脓性感染

　　D.给健康人注射流行性乙型脑炎疫苗

【设计意图】巩固学生所学的知识,从而提高学生对知识活学活用的能力。

五、教学反思

从不知道病毒的存在,到发现病毒、看见病毒并进一步认识病毒,再到利用病毒为人类造福,人类对病毒的认识是本节课的情感线索。教师通过情景剧、模型制作、Flash动画展示、课外资料补充等多种方式呈现了人类发现、了解和利用病毒的过程。这条情感线索,不仅让学生学习了病毒的结构、繁殖、种类等知识,更让学生意识到了科学技术的发展可以改变人类的生活,能够辩证地看待人类与病毒的关系。

基于核心素养培育的高中生物教学优化路径探索

重庆市璧山大路中学校　　姚波

【摘要】新时期教育制度改革背景下,高中生物教学在学生学科核心素养培育方面开始注入更多关注,有效帮助高中学生提高生物学习综合能力是现阶段的重要教学任务。文章对现阶段高中生物教学中面临的问题进行了综合分析,基于核心素养培育导向提出了优化高中生物教学的部分方法路径。

【关键词】高中生物；核心素养培育；路径研究

高中阶段学生学业繁重，学习压力大，而生物学科的学习难度也相对较高，目前许多学生的生物学习效果都不太理想。在教育新时期核心素养培育视野下，高中生物教师开始不断探索优化提升教学的多元方法，强调高中学生生物学习综合质量的深层次提高。

一、现阶段高中生物教学中面临的问题

在教育制度改革有效推进落实的背景下，高中生物教学逐步获得一定的优化提升，但受多重因素影响，目前阶段高中生物具体教学中还面临一些亟待解决的问题和困境。首先，应试教育的思维对教师们的影响是相对深刻的，并且在高考升学压力的影响下，许多教师仍旧会偏向于将教学视野完全放置在学生生物成绩分数的提高上，而忽略学生生物核心素养的培育。部分高中生物教师现有的教育专业能力也相对有限，对于核心素养的理解存在局限性问题，这就导致实际的生物教学方案设计与预设教学任务目标存在偏差，不利于高中学生生物学习质量的全面提高。其次，部分高中生物教师在课堂教学中所采用的教学方式相对机械单一，对于学生生物学情的把握不够全面，且会在无形中忽略学生学习主体性，导致他们产生生物学习上的思维惰性。而相对枯燥乏味的生物课堂环境也会打击学生的课堂参与热情，容易出现"走思"现象。长此以往，错过许多生物知识要点的学习，这些学生在具体的生物内容学习上难度会更高，有的学生很容易出现跟不上生物课堂教学节奏的情况，甚至出现厌学心理，这就导致生物学科教学效率无法得到充分的提高。

二、基于核心素养培育导向的优化高中生物教学的方法路径

1.拓展课堂有效问题互动，培育自主探索学习能力

基于新课标视野下核心素养培育导向的研究，高中生物教师需要充分意识到高中学生生物课堂学习本位发挥的重要性所在，进而灵活拓展课堂有效问题互动，循序渐进帮助高中学生培育自主探索分析生物知识要点的学习能力。例如，在"细胞膜的结构和功能"教学过程中，教师能够创设问题情境课堂，融合一定的教学技巧，引导高中学生相对自主地独立思考分析问题，在良好的探究下理解具体生物知

识要点,更好地帮助学生加深生物学习记忆。如此一来,高中学生往往能够在不知不觉中培育独立思考问题的能力,促进他们在面对生物题目时更好地开发自身学习思维,灵活把握考查要点,高效应用课堂所学,逐步达到相对理想的生物学习目的。

2.融入小组合作学习模式,培养团队协作意识能力

考虑到高中学生在生物学习上存在的个体差异性,高中生物教师在现阶段的课堂教学中还可以融入小组合作学习模式,引导学生之间便捷地分享不同生物学习思维,互帮互助实现更高质量的生物学习。例如,在"光合作用与能量转化"教学课堂上,教师可以以小组为单位设计本课的教学方案,有效引导学生在相对自主的讨论探究环境中完成具体的生物课堂学习任务目标,循序渐进促进高中学生培育良好团队协作的意识,提高合作探究学习的能力。在这一过程中,教师也要注重增加对学生们具体合作学习情况的观察分析,有效引导他们在相对正确的方向进行更深层次的讨论研究,充分促进生物课堂上合作学习有效性的提升。

3.完善生物实验教学活动,培育正确生命价值观念

核心素养培育视角下,高中生物教师要进一步强调生物实验教学活动的深层次完善,有效帮助高中学生将生物理论知识与实验实践研究结合起来,更好地促进学生完善生物学科学习认知,循序渐进推动他们在具象化的实践探索中培育正确生命价值观念。例如,在"探究·实践:探究环境因素对光合作用强度的影响"教学过程中,教师要积极带领学生实践完成具体的探究,而不只是局限在书面理论教学或单纯的示范教学上,从而有效激发高中学生对生物学习的内在热情与求知欲。同时,有效的实验探索学习往往也能很好地帮助高中学生加深对具体生物知识要点的学习印象,有利于他们生物学习质量和效率的深层次提高。

三、结语

综上所述,核心素养培育导向下高中生物教师需要及时更新教育思维观念,有效创新生物教学模式,深度帮助高中学生拓展生物学科认知。有效结合多元先进教学思维的运用,为高中学生提供更好的课堂学习条件,逐步推动学生全面提升进步。

参考文献:

[1]王少斌.核心素养下的高中生物学教学与过程性评价研究——以"学会学习"素养的培育为例[D].重庆:西南大学,2021.

[2]王辉.中学生物教学中培养学生核心素养的实践路径分析[J].知识文库，2020(5):74.

用问题驱动培养核心素养的教学设计
——以"观察植物叶片结构与探究蒸腾作用的意义"为例

重庆市璧山区丁家初级中学校　李锦成

【摘要】以"观察植物叶片结构与探究蒸腾作用的意义"为例，以问题为引领，以激发学生思维为导向，让学生通过观察现象、实践或者模型制作等亲身经历，在实验探究活动中发展科学思维和建构蒸腾作用的概念，理解蒸腾作用的意义，建立"结构和功能相适应"的生命观念，提高生物学核心素养，发展高阶思维，实现学科育人。

【关键词】实验探究；生命观念；模型建构；蒸腾作用

一、内容分析及设计思路

1.内容分析

"观察植物叶片结构与探究蒸腾作用的意义"选自人教版初中生物学（2013版）七年级上册第三单元第三章的内容，根据课标要求本章需要达成三个具体的目标，包括：①掌握植物对水分的吸收和运输途径；②通过观察和认识叶片的结构，描述植物蒸腾作用的过程和意义；③描述绿色植物在生物圈水循环中的作用。对于目标①学生已经有了部分前沿概念，所以本文主要探讨的是核心目标②，也是本章节的重难点内容，只要目标②能顺利达成，那目标③的达成也就水到渠成。

对于"观察植物叶片结构与探究蒸腾作用的意义"这部分内容，教材中首先直接向学生呈现蒸腾作用的概念，并直接告诉学生蒸腾作用主要是通过叶片进行的；随后要求在教学过程中利用显微镜观察徒手切片法自制的叶横切结构，识别叶片的各个结构；最后对于蒸腾作用的意义，教材也是平铺直叙地告诉学生。这样的设计虽然能让学生按部就班地接受知识，但不利于学生生物学科核心素养的培养。对此，笔者对教材内容的呈现方式进行了重新设计，使学生在获得本节课基础知识的同时,领悟生物学家在研究过程中所持有的观点以及解决问题的思路和方法,提高学生的生物学科核心素养。

2.设计思路

核心素养是学生适应终身发展和社会发展需要的必备品格和关键能力,深度学习是培育学生核心素养的重要路径。《义务教育生物学课程标准(2022版)》中提到生物学课程高度关注学生学习过程中的实践经历,强调学生的学习过程是主动参与的过程,选择恰当的真实情境,设计学习任务,让学生积极参与动手和动脑的活动。因此教师在教学过程中应通过精心设计教学实践活动,搭建由易到难的脚手架,引导学生由浅入深、积极主动地建构生物学概念,从而发展学生的高阶思维。根据布鲁姆的认知层次理论将人的认知过程分为记忆、理解、应用、分析、评价和创造六个层次,并且这六个层次是由低级到高级、由浅表学习到深层学习的循序渐进的过程。而课堂作为学生学习的主阵地,课堂教学活动的设计就更加应该注意与布鲁姆的认知层次相结合,由浅及深,由低到高。

初一的学生经过前面的生物课的学习,已能正确使用显微镜观察细胞结构,并知道植物的根能从土壤中吸收水和无机盐,通过导管进行运输,但是不清楚植物的根为什么能吸收水分并在体内运输。这里的水对于植物乃至整个生物圈又有些什么作用呢?因此根据本校学生的最近发展区和认知发展规律,本节课的教学设计思路如下:引发认知冲突→亲历实验探究过程→模型建构→建构概念和解释生活现象→发展高阶思维,实现学科育人。例如,提出问题串:①树的落叶为什么总是背面向上呢?是否与叶子的结构有关呢?②叶片上的气孔又是什么结构,有什么作用呢?③通过观察和分析你能概括出蒸腾作用的概念吗?④植物通过蒸腾作用散失了大部分的水分,这是否是一种浪费呢?通过问题引领,以激发学生思维为导向,让学生亲身经历,以观察实践、模型制作为中心帮助学生认识叶片的结构,以实验探究为载体帮助学生建构蒸腾作用的概念,理解蒸腾作用的意义,从而建立"结构和功能相适应"的生物学观点,提高生物学科核心素养。

二、教学目标

依据课程标准并结合本校学生学情和实验教学条件,制定以下教学目标:

(1)运用生物学、物理学知识,设计制作气孔模型,演示气孔开闭的过程,解释植物通过气孔控制气体进出来维持正常生命活动的机制,体验基于证据和逻辑的科学思维过程。

（2）通过依据层层递进的问题驱动探究实验和观察、对比、分析实验现象等活动，阐明植物蒸腾作用的意义，树立爱护植被、保护环境的社会责任。

（3）基于对叶片结构和植物蒸腾现象的观察，形成结构与功能相适应的生命观念。

三、教学过程

1.创设问题情境，引发认知冲突

幻灯片展示落叶图片和课前学生模拟香樟、大叶女贞落叶视频以及统计的落叶数据表格，并提问大多数树的落叶为什么总是背面向上？这是偶然现象还是一种自然规律呢？这是否与叶片的结构有关呢？

【设计意图】"教师之为教，不在全盘授予，而在相机诱导"，以生活化、趣味化的问题为任务驱动引入教学过程"观察叶片的结构"，能提高学生的学习兴趣，开启学生的思维之旅，激发学生主动探究的欲望。

2.亲历观察叶片结构的过程，培养科学思维，形成结构和功能相适应的观念

教师：请同学们根据教材中徒手切片法制作叶横切临时装片的实验步骤以及示范视频，用老师提供的多种树叶中的一种制作叶横切临时装片，再放在显微镜下进行观察。

学生2人一组根据教材或者视频的提示制作叶横切临时装片。教师巡视指导各个小组，利用手机投屏技术将实验比较成功的小组观察到的视野投影到电脑上进行实时展示，并请小组成员介绍自己的观察结果，初步认识叶片的结构。学生对照教材叶横切的结构图，观察自己制作的叶横切临时装片，认识叶片的结构。

教师：同学们，在刚才的小组展示中你觉得哪种树叶制作的叶横切临时装片最易观察呢？

学生：四季秋海棠叶。

教师：同学们，请问在观察的过程中你发现不同品种、不同形状的树叶的结构有什么相同之处了吗？

学生：植物叶片都是由表皮、叶肉和叶脉三部分组成。

教师进一步引导学生观察挨着上、下表皮的叶肉细胞排列的紧密程度、质量是

否相同。学生通过观察会发现挨着上表皮的叶肉细胞排列紧密,质量大;挨着下表皮的细胞疏松,质量小。因此,受重力的影响,树落叶的时候背面向上的更多(图5-11)。

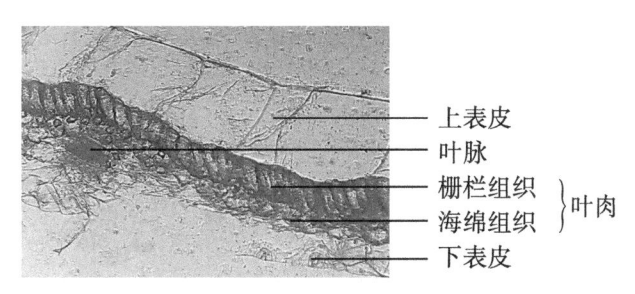

图5-11 四季秋海棠叶横切观察图

【设计意图】选用多种树叶让学生做实验而不是直接呈现较易制作叶横切临时装片的植物——四季秋海棠,从而培养学生的发散思维,让学生像科学家一样思考,体验科学发现的过程和方法,形成生物具有多样性和统一性的认识。学生在解释大多数落叶背面向上的原因时,会用到生物学和物理学的相关知识,有利于体现学科之间的交叉融合,从而培养复合型的创新人才。

3.借助自制的气孔开闭模型,让微观教学可视化、直观化

学生在观察叶片结构示意图时发现,叶片表皮细胞中还有一个结构——气孔。这又是什么结构,起什么作用呢?随后引导学生分别用萎蔫和新鲜的紫鸭跖草来制作下表皮临时装片,并用显微镜来对比观察气孔的状态。学生通过对比观察较易发现气孔由两个半月形的保卫细胞构成,植物吸水气孔张开和植物失水气孔闭合,气孔的张开和闭合与保卫细胞的含水量有关。

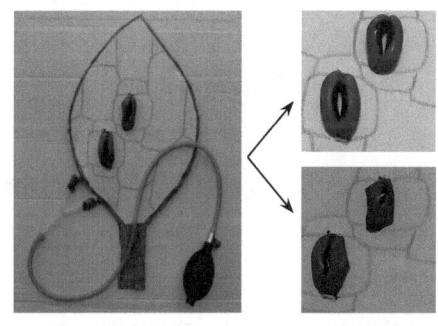

图5-12 气孔吸水张开失水闭合模型

教师进一步追问:气孔为什么能张开和闭合呢?教师展示自制的气孔开闭模型(图5-12),让学生代表自主操作,体验气孔的开闭。从而让学生直观地体验到,由于保卫细胞的外壁厚内壁薄,植物吸水时,保卫细胞膨胀,保卫细胞外壁伸张性强向外弯曲,气孔张开;植物失水时,保卫细胞收缩,内壁伸直互相靠拢,气孔闭合。

【设计意图】学生通过对比观察气孔的两种状态,更易于对知识的理解与掌握。

气孔的开闭机制是微观现象,学生难以理解。使用模型教学,让学生自主操作和体验气孔的开闭,使抽象的知识直观化、可视化,帮助学生理解生物知识,培养学生的理性思维。

4.问题引领实验探究,帮助学生逐步建构概念和解释生活现象

气孔的开闭对于植物体来说又有什么作用呢?为什么说"大树底下好乘凉"呢?教师演示将鸭掌木的叶片放在热水中的实验,学生发现叶子的背面有很多气泡冒出,进而证明气孔是气体交换的"窗户"。教师顺势追问从气孔进出的气体有哪些呢?用问题引领学生继续进行探究。教师展示课前通过观察记录到的植物蒸腾作用对照实验的图文资料,引导学生通过自己的观察、分析、归纳,自主建构蒸腾作用的概念。

【设计意图】学生通过观察探究实验想象,自主获取信息,构建蒸腾作用概念的方式,比教材直接提出概念的方式,更能让学生理解,形成的记忆更为深刻、牢固,也更能培养学生的理性思维、科学探究等核心素养,体现结构和功能相适应的生物学观点。

5.分析实验数据,发展高阶思维,实现学科育人

教师继续提出疑惑:植物通过蒸腾作用散失水分,这是否是一种浪费呢?引领学生继续探究植物进行蒸腾作用的意义。教师出示课前一天插入红墨水中的芹菜叶子,分别从横向和纵向切开,观察叶脉变红现象,引领学生继续探究植物进行蒸腾作用的意义。学生通过观察总结出蒸腾作用是植物吸收水以及运输水和无机盐的主要动力。教师展示课前持续观察植物蒸腾作用时收集的照片,引导学生对比观察玻璃罩中干湿温度计显示的温度差异,从而顺利得出植物的蒸腾作用有降低温度的效果,这也是大树底下好乘凉的原因。教师继续引导学生通过观察到的干湿球的温度计算出相对湿度。数据显示有植物的一组干球温度30 ℃,湿球温度29 ℃,计算出来湿度为93%;无植物的一组干球温度31 ℃,湿球温度29 ℃,无植物的湿度为86%。通过呈现的数据可以总结出植物的蒸腾作用还能提高大气湿度,进而参与生物圈中的水循环,形成保护植被的生命观念。

【设计意图】学生通过观察实验现象,自主分析、归纳总结出蒸腾作用在生物圈中的意义,比传统的讲授法更直观形象,更让人信服,更能激发学生的兴趣,培养学生自主学习和获取知识的能力以及逻辑思维和语言表达的能力。

四、教学反思

本节课在教学流程方面，通过问题串创设问题情境激发学生的思维，在情境体验过程中提出问题；再通过亲身经历实验探究、观察实验现象或者模拟实验等多种形式进行合作交流；最后总结得出结论，建构概念，完善知识体系。这样的设计使教学环节紧凑且富有逻辑性，易于激发学生学习兴趣，提高学生自主学习的能力。在教学方式方面，将传统的讲授式教学改为探究式教学，虽然对植物蒸腾现象的观察以及对蒸腾作用意义的探究用时长，需要教师做好课前准备，用于课中观察，但能改变学生的学习方式，让其从被动的"学会"到主动的"会学"进行转变，帮助学生更好地领悟科学的本质。总之，生物学是一门实验课程，在教学中教师要善于激发学生的好奇心，让学生亲身参与其中，促进学生自主学习，才能使其习得知识，建构科学概念。在科学探究的过程中培养学生的理性思维，形成结构和功能相适应的生命观念，从而提高学科核心素养，发展高阶思维，实现学科育人。

参考文献：

[1]崔友兴.基于核心素养培育的深度学习[J].课程·教材·教法,2019,39(2):66-71.

[2]中华人民共和国教育部.义务教育生物学课程标准(2022年版)[M].北京:北京师范大学出版社,2022.

[3]邹传龙."观察叶片的结构"一节的教学设计[J].生物学教学,2019,44(7):30-31.

[4]唐倩,张峰.基于"理性思维"的初中生物学探究活动教学策略——以"绿色植物参与生物圈中的水循环"一课为例[J].生物学通报,2017,52(9):29.

更多论文

第二部分 读书心得

读《锁定十五年 做一名出色教师》有感

重庆市璧山中学校　彭静

最近网络平台出现不少关于"教师退出机制""教师铁饭碗将被打破"等吸引人眼球的文字、短视频。比如，根据钱江晚报的报道，宁波拟推出"教师退出机制"，对因各种原因不能胜任或者坚持教学岗位工作的教师予以退出处理。根据教育部的数据统计，截至2021年，我国专任教师总数为1 844.4万人，而2022年仅教资报考人数已经高达1 144.2万人，严重的供过于求，于是便出现了千军万马抢一个岗位的现象。有网友表示双手赞成"教师退出机制"的实施，因为有些好的老师进不来，而不合格的教师又出不去，但是退出机制的评定标准确实应该从更多维度去思考。关于教师退出这一机制的出现，我认为无论是用所谓的教学成绩来衡量，还是用学生、家长满意度或者校园人际关系来衡量，都必须做到公平公正才能让人信服。

为什么会在此次读书心得内容中谈到上述"教师退出机制"呢？是因为我在看完《锁定十五年　做一名出色教师》一书后，与作者产生了不少的共鸣，如果一线的教师都向出色教师、名师靠齐，我相信他是不会轻易被退出教师机制的。

正如作者所言，幸福的人生应该有计划，而作为教师的有效计划的前提，必须是深刻地理解现实的教育需要什么，而后再成为现代教育所需要的人，方才会走向优秀。回想起自己大三时的一堂生态学课程，双鬓已然花白的曹振东教授说着一口带北京口音的普通话问道：你觉得什么样的老师是一个好老师？虽然学着师范专业，但那会儿的自己并没有决定走向教师岗位。带着这个问题，我回顾了一遍自己的老师，更多的想到的是高三，所以第一时间肤浅的想法是专业学识渊博的老师就是一个好老师。大学毕业后的第四个年头，自己进入到初中任教，担任非中考学科生物学的教学，其间也曾担任四年班主任。尤其是在担任了班主任后，我转念认为关爱学生，不应该仅仅是教会学生书本上的知识，更是要教会学生做人的道理，于大多数学生而言，这样的老师就是好老师。又教学两年后，我发现好的教师不仅仅是教学的能手,更是能够把自己的教学经验总结、提炼并发表出来的名师,为更多的教学者提供有效的方法和明确的方向,这样的名师甚至是大师才更加优秀。教育需要总结、需要引导,那些能够把自身经验总结出来分享的名师无疑是现代教育背后需要的人才之一。

目前我国教师基数庞大,而真正的优秀教师、名师、大家的数量却是有限的。其原因可能是不少的教师们过多地关注着眼前的得失,正如作者在书中的描述——其承载的思想已不是"浮躁"一词所能概括得了的。既希望自己成为那个优秀的教师,却又不愿意去规划或者承担过多的任务与责任,这样是很难成长得优秀的。我很喜欢作者在书中说的:今天的一切,是多年行动的延伸,蓦然回首,命运的伏笔早在10年、20年前由自己亲手种下。所以该书作者认为,想要成为一名优秀的教师,想要在职业生涯中"取得幸福",我们就必须"计划出幸福"。

事实上,我很开心能够参与到工作室中学习,因为在这里,我开始尝试着去计划工作、人生和幸福。今年,我已工作超过10个年头了,确实产生了一些倦怠,出现过平庸、颓废、迷茫甚至是无所谓的想法;而加入工作室,要求读书、要求写作、要求展示课堂,不仅是在督促着我努力进步,更是在要求我要有效地去计划自己的职业生涯。我想30多岁开始尝试写作,应该也不晚,文中作者举了一个让我们坚定信念的例子:蒲松龄40岁才完成了《聊斋志异》的初稿。当初为了激励自己,蒲松龄写了一副对联:"有志者,事竟成,破釜沉舟,百二秦关终属楚;苦心人,天不负,卧薪尝胆,三千越甲可吞吴。"这些话语在我高中的很长一段时间里无时无刻不激励着我,我想它的再次出现,伴随着工作室里优秀的同仁们,也可以激励我有效计划工作,避免职业的瓶颈期,进而找到职业的幸福感,更努力去向一名优秀的教师看齐。我想有了这样的规划,就算是"教师退出机制"真的展开了,我还是有机会取得一票留下权的吧!

《追求理解的教学设计》读书心得

重庆市璧山区丁家初级中学校　　李锦成

在读《追求理解的教学设计》这本书之前,我以为学习活动中"理解"二字是内在的、个体化的、不好检测的,就像雾里看花,美好却又看不清楚。但格兰特·威金斯和杰伊·麦克泰格从多个方面为我们概括和界定了"理解"这朵花——解释、阐明、应用、洞察、自知。对学习者能力的要求也是越来越高,让学生把所学知识迁移到新的环境和挑战中,才是我们教育者在注重发展学生核心素养的今天应当完成的使命,而仅仅完成知识的回忆和再现,这是虚假的"理解"。所以基于"理解"的教学才是我们所追求的,接下来我将谈一下自己对"理解"这个词语的粗浅认识。

一、恰当运用所学理论说明自己的观点并进行解释

这一层是不难理解的,就像我们学校倡导的:最好的学习方式就是讲给同伴听。在面对简单问题时,利用自己所学习的理论作为依据,向所有的同学讲解题目,当然这也是最浅层次的解释。学生还要能够在复杂的环境中,发现各种事物之间的联系,最终以一个合理的理论说明事物的内涵,理清楚那些让人迷惑的、独立的或不明确的现象、数据或者观点的含义。

因此在日常教学过程中,教师要避免"满堂灌"的教学模式,要把更多的时间留给学生,通过启发式教学,让学生有更多表达自己观点的机会。通过长时间的锻炼,养成良好思维习惯的同时,形成清晰、有逻辑的语言表达习惯。

二、通过演绎、解说和转述对某种事物进行阐明

"阐明"指向事物背后的意义,而不是简单地照搬某种理论。通过具有强烈说服力的故事,向别人阐明该事物对现在或过往的重大影响或意义。它最大的特征是结合具体的例证,基于个体以往的经验,在解决问题的过程中理解相关内容,形成自己的见解。

一千个人眼中有一千个哈姆雷特,所以在教学过程中,教师不要过度追求正确的答案,更应该注重学生阐明答案的过程,其过程才能真正体现出学习者的理解程度。教师还可以注重围绕一个单元、一个话题进行的项目教学,让学生们在小组内通过合作、探究、体验等方式,在不断解决问题的过程中,达到深度理解的目的。

三、通过新的情境对所学知识进行运用

能够运用所学是实用主义的观点,"纸上得来终觉浅,绝知此事要躬行",足以看出实践在学习中所起的作用。面对新的问题、新的情境,学生能够灵活地完成挑战任务,这对提高学生的综合能力有很大帮助。同时,学生能获取更多的成就感与

动力,在面对新问题时不退缩,有信心、有勇气接受挑战。

在初中生物教学过程中,基于应用的理解,教学活动设计要贴近生活中的真实场景。让学生在真实生活中遇到类似场景时,才有可能做到运用所学,达到学以致用的效果,也更能激发学生的学习积极性。

四、带着批判性和客观性对事物进行洞察

洞察是指在面对一些假设或结论时,能够客观、冷静地审视问题,从不同的角度批判地看待问题。能够倾听不同的声音,形成自己更加客观的观点。这是认知更加成熟的一种表现,也是批判性思维的体现。新课改理念下的学科素养就是要发展学生必备的思维品格和关键能力。

教学过程中教师应避免"满堂灌",要让学生在讨论中出真知;教师可呈现多种观点,避免学生形成"唯教师论""唯教材论"。

五、学会自我评估及自知

自知在学习策略中属于元认知策略。在学习中,学会自我监控、自我反省、自我评估,坚持去做,有助于培养自律的优秀品质。

追求理解的教学设计,能让学生意识到他们不仅仅要接受老师教授的,还要主动地揭示隐藏在背后的真理,最终在理解的基础上,通过自我建构,实现知识、能力等各方面素养水平的提升。通过阅读本书,方知自己教育理论知识的欠缺,在今后的教学实践中,一定践行本次阅读的收获,落地核心素养的培养,在课上开展深度学习。

让良师益言入脑、入心、入行
——读《给教师的建议》有感

重庆市璧山中学校　　唐瑶

伟大的教育家苏霍姆林斯基的著作《给教师的一百条建议》是一部闻名中外的教育名著,对我们教师很有借鉴作用。我购买的是教育科学出版社1984年的《给教师的建议》,该书根据我国情况和需要,选择出了《给教师的一百条建议》的精华部

分，另从苏霍姆林斯基其他著作中选取优秀的部分作为补充，全书共有一百条建议。书中既有生动的实际事例，又有精辟的理论分析，用浅显易懂的语言剖析了教学中的关键问题，介绍了许多实用的教学方法以及苏霍姆林斯基对教育的独到体会，因此该书对我这种新教师尤为适用。下面我就简单地谈谈自己的一些浅显的体会。

在第二条建议"教师的时间从哪里来？一昼夜只有二十四小时"中，苏霍姆林斯基建议我们要每天不间断地读书，跟书籍结下终身的友谊。如果你还想拥有更多的空闲时间，不至于把备课变成单调乏味的死抠教科书，那你就要读学术著作。这样做的目的，是要使你所从事的这种工作所需要的知识成为你所具备的知识海洋中的沧海之一粟，这样你才能在教学生活中面对一切而左右逢源、游刃有余，你才不会将你的工作当成一种负担。是的，学生时代的结束，并不代表学习的结束，在这个终身学习型的社会中，作为教师更要不断地提高自我，不断地补充和更新自己的专业知识和教育教学知识。只有拥有丰富广博的专业知识，才能更好地胜任自己的工作，减轻备课负担。

第五条建议"'两套教学大纲'，发展学生思维"，苏霍姆林斯基说如果通过阅读能够深入思考各种事实、现象和事物，并且能够掌握那些应当被记忆的基本概念，那么这种阅读就有助于识记。基于这个规律他提出了两套教学大纲：第一套大纲指学生必须熟记和保持在记忆里的材料；第二套大纲指课外阅读和其他资料来源。这条建议给我很大的启发。如果在生物课堂外给学生提供一些课外读物（前提是学生能够对这些课外读物感兴趣），课外读物上的知识有助于引起学生对课本上的知识的兴趣，这样教育工作就会事半功倍。这个方法看起来很简单，但是如何选取学生感兴趣又对教学有帮助的课外读物是个难题。这就需要我们教师在平常工作和生活中不断发现和总结。

第三十三条建议是写给刚参加学校工作的年轻教师的。这条建议苏霍姆林斯基特别强调阅读的重要性。在这条建议里，他又提出了读书对于一个刚参加工作的年轻教师的意义。他建议大家每个月要买三本书：第一本是关于自己学科的专业书籍；第二本是关于人物传记的书籍；第三本是关于心理学方面的书籍。心理学方面的书籍的作用对于我们教师自不必多说。而阅读名人传记，不仅可以帮助教师提升自我，更是可以为学生指引方向，做他们的引路人。通过不断地学习学科专业知识，教科书在教师的眼里才会浅易得像识字课本一样。你可以说：为了上好一节课,你是一辈子都在备课。教师才能像第二条建议里那样节约出大量的时间,才能更好地选出适合学生阅读的第二套教学大纲。

第四十二条建议"怎样学习别的教师的经验"。怎样学习别的教师的经验这个问题对于不论是刚参加工作的教师还是其他教师来说,都是应该掌握的。在不熟悉、不了解的情况下,我们应该选择向哪些老教师学习,才能学到更多的东西呢?他给了我们一条非常好的建议——首先,看看学生的练习本。如果你发现绝大多数学生练习本里的作业都完成得很好,那么这就是个明显的征兆:在这个班里可以学到许多东西。学生的练习本是全部教育工作的一面镜子。其次,我们学习别人的经验不是照抄照搬,而是要学习人家的思想。用苏霍姆林斯基的话说,就是要移植其中的思想,取得某种信念。这一条对于任何一位教师来说都是关键的。但是,我们常常会犯这样的错误,在向别的优秀教师学习的时候,全盘照搬人家的做法,也不管理解不理解,不顾自己的教学实际和学生特点,结果别人的经验没有学到手,反而失去了自己的特色。我们要清楚别人取得那样的成绩和效果,绝不单单是靠简单的行为所能达到的。在教育工作中,没有一种结果是单靠一项基本的措施就能取得的,实际上每一种结果的取得,往往都是由几十种、上百种乍看起来跟所研究、观察、探索的对象相距很远的,甚至没有直接联系的因素决定的。然后,研究和观察年长同事经验的同时结合自己的思考,形成属于自己的教学思想。我们要不断地进行自我观察、自我分析、自我进修和自我教育。任何事物的学习都是建立在观察和研究别人的基础上的,加上自我对事物的认知和理解的过程。两者缺一不可。

在书中的很多建议中,如第五十三条"学习愿望是学生学习活动的重要动因"、第五十五条"逐步养成儿童从事紧张的创造性脑力劳动的习惯"等,苏霍姆林斯基都提出了一个在我看来新颖的观点:不要用所谓的教学技巧和方法,竭力将教材中的难点化解成极其容易的东西,造成一切都很容易,不需要花费特别的努力就能掌握知识的印象。这与我们平时接触和学习的,要用不同的教学手段和方法突破重难点、帮助学生掌握知识的原则大相径庭。苏霍姆林斯基提出:在备课时,要深刻而周密地考虑让学生通过什么途径去克服学习中的困难,无论如何不能回避这些困难,而要引导学生走上克服困难这条虽然艰巨但受益极深的道路。只有这样才能培养学生热烈学习的愿望,战胜从事紧张的脑力劳动的困难,而不是无所事事。这的确有道理。学习中,太困难会使学生失去兴趣,太容易也会使学生失去兴趣,并且学生的脑力无法得到发展。这就需要达到一个平衡,这也是我们教师在工作中应该积极思考和体会的东西。

书中还谈到如何教会学生观察、如何吸引学生的兴趣、阅读的重要性、知识转化成能力、教学过程中关心学生的思维情况、不同时期学生的特点、如何写教育日记等问题,涵盖不同年级不同学科。我不禁赞叹苏霍姆林斯基对工作的认真执着,对学生无私的关心和热爱,终身学习、研究、钻研的毅力和精神。书中有些地方也未能彻底理解通透,可能是我读得不够深入,经验不够丰富。这本书将永远收藏于我的书库中,我将不停地拿出来翻阅第二遍、第三遍,细细体会,相信会有不同的理解和感触。

《生命是什么》读书心得

重庆市璧山中学校　　何伟

自1944年薛定谔的著作《生命是什么》首次面世以来,不仅对分子生物学的发展起到了举足轻重的作用,而且对我们理解生命系统的基本原理产生了深远的影响。尽管这本书已经出版了近一个世纪,但它所带来的科学启示和影响至今仍然深远,持续引起科学家们对生命本质的探索和思考。薛定谔在书中提出了许多前瞻性的观点,例如他探讨了遗传信息的物理基础,以及生命现象与热力学第二定律之间的关系,这些观点在当时是非常革命性的。即使在今天,薛定谔的思想仍然被广泛引用,并且在现代生物学研究中发挥着重要作用,他的著作无疑成为了科学史上的一座里程碑。

一、这本书塑造科学景观的几个方面

(1)对DNA发现的影响:《生命是什么》这本书对后来发现DNA双螺旋结构的科学家沃森和克里克产生了重要的影响。他们受到了薛定谔关于遗传学和DNA等分子在遗传和进化中作用的深刻讨论的影响,这些讨论激发了他们对DNA结构的研究兴趣,最终促进了1953年DNA双螺旋模型的提出。

(2)物理学和生物学之间的联系:《生命是什么》这本书在很大程度上帮助建立

了物理学和生物学之间的桥梁。薛定谔对物理和化学原理如何应用于生命系统的探索,为从分子相互作用和热力学的角度理解生命的基本原理奠定了坚实的基础。他的工作促使科学家们开始用物理学的方法来研究生物学问题,从而推动了分子生物学的诞生。

(3)信息论与遗传学:薛定谔在《生命是什么》中提出了遗传信息可以在分子中编码的观点,这一观点预示了DNA作为遗传信息载体被发现。他的这一概念为理解基因如何储存和传递信息铺平了道路,为现代遗传学的发展提供了理论基础。

(4)生命起源研究:《生命是什么》这本书激发了人们对生命起源的兴趣。薛定谔对生命出现背后的物理和化学原理的探索影响了随后人们对生命起源和益生元化学的研究。他的思想启发了科学家们去探索生命是如何从非生命物质中产生的,以及生命的基本化学成分是如何形成的。

二、这本书对当今的影响的更多细节

(1)量子生物学:薛定谔的著作《生命是什么》虽然没有深入探讨量子生物学的具体内容,但他在书中对生命物理基础的探索,为量子生物学这一新兴领域播下了种子。他提出的关于生命现象可能与量子力学中的量子相干和纠缠现象有关的猜想,引发了科学家们对量子力学在生物过程中的作用的深入研究。这些研究不仅涉及基础理论的探讨,还包括对生物系统中量子效应的实际应用,例如在光合作用中能量传递的高效机制,以及鸟类利用地磁场进行导航的量子机制等。

(2)分子生物学和遗传学:薛定谔的书对分子生物学的发展产生了深远的影响。他提出的关于遗传信息存储和传递的理论框架,为后来的科学家理解DNA、RNA以及蛋白质合成的分子机制奠定了基础。他的观点不仅推动了分子生物学的理论发展,还促进了遗传学领域的重大发现,如DNA双螺旋结构的发现和遗传密码的破译。这些发现进一步确立了分子生物学的中心法则,即DNA通过RNA指导蛋白质合成,从而控制生物体的遗传特征和生命活动。

(3)系统生物学:薛定谔的跨学科方法,强调了生命的物理和化学方面的相互作用,为系统生物学的兴起奠定了基础。系统生物学是一门新兴的学科,它将生物有机体视为一个复杂的系统,通过整合分子相互作用、网络和反馈环路,来获得对生物过程的整体认识。这种整合性的研究方法,不仅有助于理解单个生物分子的功能,还能揭示不同生物分子之间的相互作用和调控机制,从而为疾病诊断和治疗提供新的思路。

(4)哲学和伦理学:《生命是什么》不仅在科学领域产生了深远的影响,还引发了关于生命本质、意识以及物理过程和生物现象之间关系的哲学讨论。薛定谔在书中提出了关于还原主义、涌现和科学解释界限的问题,这些问题至今仍是哲学和伦理学研究的重要议题。此外,这本书还对伦理学领域产生了影响,甚至对基因工程和合成生物学等新兴技术领域也有影响。随着这些技术的发展,人们开始更加关注科技进步对人类社会和伦理道德的影响,以及如何在科技进步与伦理道德之间找到平衡。

(5)科普和教育:薛定谔的书将复杂的科学概念以通俗易懂的方式传达给了更广泛的受众,它的流行性激发了公众对物理学和生物学交叉领域的兴趣。这本书不仅激励了许多人追求科学职业,还促进了公众对科学概念的理解。通过将深奥的科学理论以生动的语言呈现出来,薛定谔成功地将科学知识普及化,使得更多的人能够参与到科学探索和讨论中来。

总体而言,《生命是什么》这本书在众多科学领域中具有着极其深远的影响力。它不仅为我们理解生命的物理原理提供了深刻的见解,帮助我们更好地理解生命现象背后的科学机制,而且还引发了科学家们对生物系统本质的持续研究和探索,推动了生物学及相关学科的发展。这本书的影响远远超出了科学研究的范畴,它对哲学、伦理学、科普和教育等多个领域都产生了深远的影响,促使人们重新思考生命的意义和价值。

让教育之爱,点亮学生心灵之光
——《让学生看见你的爱》读后感

重庆市璧山区教师进修学校　　杨江冰

教育,是一场用爱与智慧编织的漫长旅程。当我翻开沈丽新老师的《让学生看见你的爱》这本书时,仿佛开启了一扇通往教育真谛的大门,在字里行间中穿梭,我不断地思考、感悟,内心也被深深触动。这本书不仅仅是沈老师教育教学经验的总结,更是一份对教育事业深沉热爱与执着追求的见证,它如同一盏明灯,为我在教育的道路上照亮前行的方向。

一、尊重:教育的基石

书中强调,尊重学生是教育的首要原则。在现实教育场景中,我们往往不自觉地对成绩优异、表现突出的学生给予更多关注与偏爱,而那些在传统评价体系中被定义为"差生"的学生,却常常被忽视甚至被边缘化。然而,沈老师提醒我们,这些所谓的"差生",同样是未来社会的重要组成部分,他们的素质将深刻影响我们未来的生活质量。

回想起曾经在网络上看到的一则报道,某高中在进行发展性评价时,惊觉学生之间的巨大差异背后,竟是学校教育理念的偏差。这让我深刻认识到,每个学生都是独一无二的个体,都应得到平等的尊重与对待。无论是在课堂上的提问互动中,还是在日常的校园生活中,我们都应摒弃偏见,以包容和接纳的心态去面对每一个学生,让他们在尊重的阳光下茁壮成长。

真正的尊重意味着对学生一视同仁,不分高低优劣。同时,师道尊严亦不可忽视,对于犯错的学生,适当的惩罚是必要的,但惩罚绝非目的,而是让学生在体验中明白规则的重要性,学会对自己的行为负责,从而在学习与生活中建立起良好的秩序。然而,在实施惩罚的过程中,我们必须谨慎把握尺度,确保其不会伤害学生的自尊心与自信心。尊重学生还需要我们学会"忽略"。学生作为未成年人,自制力有限,难免会犯一些小错误。比如:有的学生在集会时长时间站立后出现站姿不佳,或是学习过程中的偶尔不认真、不严谨,等等。只要这些错误未触及原则底线,我们不妨选择忽略。因为每一个孩子都是在不断试错中成长起来的,有时错误本身就是一种宝贵的学习机会。过多的苛责与纠正,可能会压抑孩子的天性,阻碍他们的成长步伐。此外,尊重学生要有明确的边界意识。在教育教学实践中,我们常常会布置一些家庭德育作业,如拥抱父母、为父母洗脚等,旨在培养学生孝顺长辈的意识。但我们却忽略了一些特殊家庭背景的学生,对于单亲家庭、父母不和或失去父母的孩子而言,这样的作业可能会造成一种心灵的创伤。因此,我们在设计教学活动与作业时,必须充分考虑学生的个体差异与家庭情况,避免因好心而造成无意的伤害。同时,在与学生的日常交往中,对学生的称呼也要恰当得体,不可赶时髦或口不择言,以免给学生带来不良影响。

二、专业素养：教育的有力支撑

爱学生，需要教师具备专业的教育素养。这种素养涵盖多个方面，包括善于学习、自我反省，深入了解儿童的心理特点，精准识别学生不同的学习、游戏与交往能力，并能够将观察结果巧妙地转化为对学生施加个别影响的有效方式方法。专业素养体现在构建良好的师生关系上。美国年度教师罗恩·克拉克曾说：我不是来这里跟他们做朋友的，我是来这里教他们的。在学生成长的过程中，师生不必急于成为朋友，教师应明确自己的教育目的——发展和提高学生的学习能力与综合素质。教师不能为了追求学生的喜爱而放弃教育的原则与底线，而是要以专业的态度引导学生在知识的海洋中遨游，帮助他们树立正确的价值观与人生观。当然，这并不意味着师生关系要冷漠疏离，而是要在教育教学过程中保持适度的距离与威严，待学生成年后，再发展为亦师亦友的关系。做一个"另类老师"也是教师专业素养的独特体现。在教育教学过程中，教师既要严格遵守上级的各项规定，又要因事因时灵活应变。在当今教育环境下，校园内外充满了各种规范与安全要求，这在一定程度上限制了教育的自由施展空间。然而，真正优秀的教师能够在这些制约中寻找平衡，为学生创造出充满幸福与快乐的教育体验。例如，在安全制度允许的范围内，组织一些富有创意的校园活动，让学生在活动中释放天性、收获成长。就像过去包车带学生外出春游，虽然在当时可能存在一定风险，但给学生留下了难以忘怀的美好回忆。又如，在朗读教学中，我们既要考虑到保护学生的声带，又不能因噎废食，完全放弃大声朗读这种富有激情与感染力的教学方式。教师需要具备这种"另类"的思维与勇气，在遵循教育规律的基础上，大胆创新，勇于尝试，为学生打造丰富多彩的学习生活。同时，做一个不轻易生气的老师也是至关重要的。学生天性活泼好动，在校园生活中难免会发生各种各样的事情。如果教师动辄生气发火，不仅会伤害师生关系，还会影响自身的身心健康。我们常常会发现，自己对待成年人与学生犯同样错误时的态度截然不同，这其实是对学生的一种不尊重。不轻易生气，是对学生的敬畏，是教师修养的体现，更是营造和谐校园氛围、让教师享受幸福校园生活的关键所在。当学生犯错时，教师应以平和的心态去引导他们认识错误、改正错误，用耐心与爱心去化解矛盾，让教育在温情中流淌。

三、爱与坚持：教育的核心力量

教育是爱的事业，没有爱就没有教育。但在教育过程中，爱不仅仅是一种情感表达,更是一种在妥协中坚守的信念与力量。学校作为育人的场所,承担着众多的任务与责任,时常会接到上级的各类评比通知文件,并据此制定一系列规章制度。教师作为教育的执行者,必须严格遵守这些规定。然而,在执行过程中,我们不能仅仅机械地照搬照抄,而要在妥协中寻找坚持的空间。每个人都有自己的教育理念,只要这种理念有利于学生的终身发展,我们就应该勇敢地坚持下去。在功利教育盛行的当下,我们不能忘记教育的初衷是培养学生终身受用的技能与素养。沈老师的这种思考与坚持,充分体现了她对学生的深沉爱心与强烈责任感。在面对学生的问题与错误时,我们不能仅仅停留在表面现象,而要深入探究背后的原因。每一个错误的产生都不是偶然的,往往隐藏着学生内心的困惑、需求或家庭环境的影响。教师要有足够的耐心去寻找这些原因,理解学生的处境,从而制定针对性的教育策略。只有这样,我们才能真正解决问题,让教育发挥其应有的作用,让学生真切地感受到老师的爱与关怀。

书中提到的"良知义务",更是为教育者敲响了警钟。在执行教育指令时,我们要时刻保持清醒的头脑,遵循教育常识与人性原则。当面对一些违背教育规律的指令时,我们应像柏林墙倒塌后受审的守墙卫兵亨里奇案中的法官所倡导的那样,把"枪口"向上抬高一点点,以保护学生的权益与尊严,坚守教育的良知与底线。

四、安静的教室:教育的温馨港湾

打造一间安静的教室,是教育过程中不可或缺的环节。苏霍姆林斯基曾深刻指出:讲课当中过分地追求激动人心的、鲜明的、形象的东西,会使得少年过度兴奋(喧哗、手舞足蹈),这时教师就不得不提高声音,压倒学生的喧闹声,而这么一来,则使学生更加兴奋。用紧张的、提高声调说出来的话,会使大脑两半球皮层进入某种麻木状态:学生什么也没有听见,这时候教师就非但要大声喊叫,而且有时候还得敲桌子了。

教室,是学生学习知识、启迪智慧的神圣殿堂,保持安静是为了让学生能够在宁静的氛围中潜心学习,动静有度,提高学习效率。为打造安静教室,要从轻声说话做起。在教室里,师生轻声交流,不仅能够避免噪声干扰,还能培养学生的修养与品德,让他们明白在公共场所不大声喧哗是一种基本的道德规范。教师以身作则,始终如一地轻声说话,就是对学生最好的示范与教育。通过长期的熏陶与引导,让学生学会适时地轻声表达,这将是他们一生受益的宝贵能力。

重视教室里的仪式感,也是打造安静教室的重要举措。仪式感能够赋予平凡的日子以特殊的意义,让学生在庄重的氛围中学会敬畏与珍惜。重视入校仪式,让学生从踏入校园的那一刻起,就感受到学校的庄严与神圣,明白学校是学习知识、修身养性的地方,不可任性胡闹、耍泼撒野。重视上课仪式,让学生在仪式中调整状态,集中精力,尊重课堂,尊重知识。重视作业仪式,让学生体会到作业的重要性与严肃性,从而认真对待每一次作业任务。重视颁奖仪式,让学生在仪式中体验成功的喜悦,激发他们的学习动力与自信心。通过营造这些仪式感,让教室充满文化气息与教育力量,让学生在潜移默化中受到感染与熏陶,养成良好的学习习惯与品德修养。

同时,在安静的教室里,教师可以更加从容地传授知识,学生可以更加专注地聆听思考,师生之间能够进行高效的互动与交流。在这样的环境中,教育不再是枯燥的说教,而是心灵的对话与智慧的启迪,是一场充满诗意与温情的修行。

读完《让学生看见你的爱》,我对教育有了更为深刻、全面的认识。教育不仅仅是知识的传授,更是情感的交流、人格的塑造与灵魂的唤醒。作为一名教师,我们要用尊重为学生撑起一片平等的天空,用专业素养为学生搭建成长的阶梯,用爱与坚持为学生点亮心灵的灯塔,用安静的教室为学生营造温馨的港湾。让我们在教育的道路上,怀揣着对学生的无限热爱,秉持着对教育事业的敬畏之心,不断探索,不断前行,努力让每一个学生都能在爱的阳光下茁壮成长,绽放出属于自己的绚丽光彩,成为有理想、有道德、有文化、有纪律的社会主义建设者和接班人。因为,这不仅是我们的教育使命,更是我们对未来社会的庄严承诺。

《给教师的一百条建议》读书心得

重庆市璧山中学校　　肖轶

最近我再次拜读了《给教师的一百条建议》一书,从苏霍姆林斯基这位大师身上汲取了教育智慧。苏霍姆林斯基的著作给了我很大的启发。

苏霍姆林斯基是苏联当代最有名望的教育家。其出生于乌克兰一个农民家庭,1936年至1939年就读于波尔塔瓦师范学院函授部,毕业后取得中学教师证书。

1948年起至去世,担任他家乡所在地的一所农村完全中学——帕夫雷什中学的校长。自1957年起,一直是俄罗斯联邦教育科学院通讯院士。1968年起任苏联教育科学院通讯院士。曾获两枚列宁勋章和一枚红星勋章等。苏霍姆林斯基在从事学校实际工作的同时,进行了一系列教育理论问题的研究,写有《给教师的一百条建议》《把整个心灵献给孩子》《帕夫雷什中学》《公民的诞生》等教育专著,立志从教。

苏霍姆林斯基认为,一个好的学校管理者,一定要有科学而明确的教育思想。校长不应该是"行政干部",而应该成为教育思想家和教学理论研究家,是全校教师的教育科学和教育实践之间的中介人。他认为,教育思想应该以如何促进人的发展为核心,任何教育思想都应该来源于实践,在充分吸收的基础上再次加工创造,以逐步形成自己的教育思想或教育信念。好的教育思想是教师集体智慧的结晶,一个优秀的学校领导必须是先进教育思想的创造者和教学工作的榜样。他在学校管理上坚持民主的原则,采取从群众中来、到群众中去的工作方法,将在教学和教务实践中遇到的问题汇集到一起,召集全校工作者共同讨论,将结果凝练成学校的意志,再推广到每一个学校工作者身上,成为他们身体力行的向导和学校认同感的一部分。恰如他所倡导的那样,领导普通学校的艺术就在于:用统一的教育信念把低、中、高年级的教师团结在一起,使他们共同关心学生的学习,使每个教师的个人创造像一条条永不枯竭的溪流,并能够汇集成集体技巧、集体经验的巨流。

每每细读书中的段落,大师的教育智慧,都给我以深刻的启迪。苏霍姆林斯基曾说:人的内心里有一种根深蒂固的需要——总想感到自己是发现者、研究者、探寻者。在儿童的精神世界中,这种需求特别强烈。但如果不向这种需求提供养料,即不积极接触事实和现象,缺乏认识的乐趣,这种需求就会逐渐消失,求知兴趣也与之一道熄灭。

教育最终的目的是唤醒人,赋予人自我学习的能力。真正合格的学生,不是从学校里学了多少知识,而是掌握了持续学习的有效方法。富兰克林发现,要培养一个人的自我学习能力,基本能力与知识的训练至关重要。这些能力与知识,包括五个方面:

一是语言表达能力,能够于公众场合,大大方方站出来,口齿伶俐而清晰地表达自己的观点。还能够不插话不打岔,精确捕捉住对方话语的要点。

二是阅读能力,会读书而不死读书。富兰克林认为,书本上的文字,并不能够表达撰写者的思想,真正具有阅读能力的人,要能够读出文字背后的人性逻辑。

三是娴熟的写作能力,能够敏捷地组织文字,梳理自我,表达自己的思考及智慧。

四是认知世界抽象法则的能力,具体来说就是数学能力。能够把现实的问题数学化、数字化,发现日常思维无法看到的真相。

五是掌握现实的物理法则,人类社会的发展是不确定的,但不确定中却隐含着确定性,把握住这种确定性,人才能够获得自由。

综上五点,构成大学学习的基础,构成一个人基本的能力,构成一个人知识结构的广度。正如苏霍姆林斯基所说:不能把小孩子的精神世界变成单纯学习知识。如果我们力求使儿童的全部精神力量都专注到功课上去,他的生活就会变得不堪忍受。他不仅应该是一个学生,而且首先应该是一个有多方面兴趣、要求和愿望的人。

书中还有一句话令我印象深刻——没有情感,道德就会变成枯燥无味的空话,只能培养出伪君子。人常说:一个人没有知识是次品,身体不好是废品,品德不好是危险品。可见,作为一个人,这三样中哪样也不能够缺少,但其中最不能缺少的就是道德行为了。因为纵使一个人有很渊博的知识、很强壮的体魄,但如果德行败坏,那他只会给国家社会带来更大的危害。

现在的社会,由于正处于经济转型时期,各种思想潮流的侵袭,以及电视网络等多种媒体,在很大程度上影响着青少年的身心发育。青少年涉世未深,自控力较差,明辨是非的能力还未完全形成,易受到暴力、金钱等的诱惑和侵蚀。再加上现在的孩子大部分是独生子女,是"父母的掌上明珠","捧在手心怕掉了,含在嘴里怕化了"。他们容易在物质上得到充分的满足,但精神世界容易空虚——没有理想、目标,缺少责任感等,甚至可能出现在道德上的缺失,既缺少尊师重教的意识,也缺少爱父母、友同学的心理。青少年是祖国的未来,他们的思想道德状况关系到中华民族的整体素质,关系到国家前途和民族命运。所以,道德教育刻不容缓,责任重大。

读《中学生物学教学论》有感

重庆市璧山来凤中学校　马雪梅

读书,毫无疑问,是个人成长的必要途径。对教师而言,读书更应该成为一种常态和习惯。有人甚至说,读书是教师最好的修行。的确,不可否认,阅读能让我们遇见更好的自己。

参加工作后,我的读书时间骤然减少,还习惯于为自己找"合理"的借口:工作忙,事情多,没时间……慢慢地,自己也就被这些借口说服了,内心当初的愧疚感已不见踪影,渐渐地被心安理得所取代,大脑也逐渐荒芜。有幸加入名师工作室,高兴之余,我也愁"交作业"。既然要写读书心得,那就得先读书。正是在这样的背景下,我开始读刘恩山主编的《中学生物学教学论》一书。读书时间长达三个月,近日我终于读完了。合上书的那一刻,我内心里充满了成就感,颇有感触,受益良多。

这是一本值得在职教师细读的实践性很强的从业指导书,作者从中学生物学教师的任务与岗位要求的角度来编排内容。本书分为十二章,分别是:中学生物学课程、科学的本质与生物学素养、生物学教育有关的学习和教学理论、基本教学技能、教学策略、直观教学与直观教具、现代教育技术的利用、中学生物学实验、生物学教师的备课、生物教育评价、生物学校外活动与教学中的安全、中学生物学教师的教育研究及专业素养的发展。它包含了中学生物学教学的基本理论、教学策略、教学手段以及教学方法。从"台前"到"幕后",从准生物教师的适应到在职教师的持续发展,本书都一一进行了阐述。

面对现在教育界片面强调向学生传递生物学知识这一现状,作者在第二章引入自然科学有四个维度,以及科学课程中四个维度要有适当的均衡理论。作者把理论与现实紧紧联系在一起,有力地表达了科学课程还应该向学生传递科学的思维方式和探究方法,向学生展示科学、技术与社会的相互作用。在我看来科学课程应该是一门有趣的课程,但现实往往是相反的。如果你在一项探索活动开始之前就被告知结果,你还会有探索的欲望吗?很多时候,我们获得了知识,也开始依赖现成的答案……这跟我们现行的教育制度和方式有撇不清的关系。

在第五章,作者介绍了概念图策略和合作学习的教学策略。概念图间接地促进了学生把新的知识整合到先前的知识当中。这就意味着概念图能帮助学生联系前后的知识,从而进一步形成较完整的知识网络。如果中学时代有人明确地指导我运用概念图去梳理知识,构建知识网络,或许我会学得更轻松,因为当时我一直都觉得我学到的知识是孤立的、碎片化的,无法建立起联系,更不能融汇在一起。

本书的第九章涉及生物学教师的备课。我十分认同作者了解学生的前科学概念以及以学生的前科学概念为起点的观点。教师只有了解了学生的"知"与"不知",了解了学生的"知"的来源和内容,了解了他们的思维方式,才能对症下药,才能有针对性地进行教学活动。同时,我觉得教师应该预见学生会在哪个学习环节有困难,在哪个知识点上会出现认知偏差。换句话说,教师应该从宏观和微观层面了解学生的学习和认知水平,这样才能保证"教"与"学"的不脱节。

书中,作者介绍了合作学习的原则和方法。合作学习是一种能让学生相互学习、互相帮助和共同进步的策略。总的来说,就是从目标、资源、利益、分工与责任等方面将每个成员紧紧捆绑在一起。我觉得学生的分组和学习进程的跟踪指导是教师需要特别注意的地方。让一个合作学习小组顺利完成任务的基础是组内成员融洽相处,成员分工明确。教师要慧眼识珠,要安排恰当的学生做组长,还要安排人员对整个过程进行监督,方便自己了解情况。在教高中一年级的时候,我执教的班级就进行过学习小组的尝试,后来因效果不理想就不了了之了。我始终觉得学习小组的人数过多是一个致命伤,小组成员有十多个,导致组员沟通不畅、分工不明、责任感不强,所以我认为小组成员过多是导致我们班的学习小组活动效果打折扣的主要原因之一。在以后的教学实践中,我会吸取教训,优化分组,提升学生合作学习的效率。

在本书的最后一章,作者还谈到了中学生物学教师的教育研究与专业素养的发展问题,为在职教师的专业发展提供了耐心的指导。

通过阅读本书,我更深刻地明白了作为一名教师,不仅要了解本学科前沿的理论知识,还要掌握并不断优化自己的教学技能和水平;不仅要精通本学科知识,还要努力多了解其他学科的知识,不断提升知识的广度和深度,让自己的教学技艺更精湛。

正所谓,万事开头难。庆幸的是,我已成功地迈出了第一步。尽管接下来"路漫漫其修远兮",但我将坚持阅读,以书香点缀生活,用文字浸润心灵,努力遇见更好的自己!

《核心素养导向的观课议课》读后感

重庆市璧山来凤中学校　　吴林居

2016年9月《中国学生发展核心素养》发布，要求培养学生的核心素养，这对教师的教学方式、教学思想形成了很大的冲击。在核心素养导向下该如何观课议课呢？通过阅读《核心素养导向的观课议课》，我对观课议课有了新的认识。

首先，"观课议课"和"听课评课"有很大的不同。观课，指的是调动多种感官，运用必要的观察记录工具收集整理课堂信息，运用心灵和理性的力量感悟、体验、分析一节课的过程。听课，却仅仅限于用耳朵接受语言信息而已。评课，指的是对一节课进行评价、判断。而议课，则是在观课所得信息的基础上，与授课的教师对话、讨论、反思、质疑、探询、发现的过程。

"观课议课"是参与者相互提供教学信息，共同收集和感受课堂信息，在充分拥有信息的基础上，围绕共同关心的问题进行对话交流，以改进课堂教学效果、提升教学质量、促进教师专业能力提高的一种教研活动。"观课议课"要建立一种平等民主的教学研究文化，这种文化需要解放教师，需要教师意识到自己的权利和自身实践经验的意义和价值。它立足改变传统教师单纯接受专家、教研员的观点和意见，只是被动的执行者的角色。"观课议课"致力改变教师的生活态度和工作方式。这种态度是积极主动的参与态度，从接受到参与，从被动到主动，从天天如此到不断发现问题、研究问题，并致力改变。在同事关系改善方面，"观课议课"强调开放，促进互助，致力营造教学中互助、生活中彼此关照的人际氛围。"观课议课"是学习课堂教学的研究方法，并在研究中改进和发展。这种方法不是孤立地看待教的行为和改进教的行为，而是通过现象观察、对话讨论等方式对观念、行为、效果进行整体研究。

其次，核心素养导向下的课堂观课，有助于了解核心素养导向下的课堂。核心素养导向下的课堂涉及的内容很多，因此要达到观课的目的，必须有一个科学的方法作为观课的把手。由于课堂是由学生、教师、课程及课堂文化构成的，因此学生学习、教师教学、课程性质和课堂文化为核心素养导向下观课的四个维度，由此构成观课的框架。从学生学习的维度来看，有准备、倾听、互动、自主、达成五个视角，如学生在学习过程中有哪些互动的行为，师生互动、生生互动对学生核心素养的培养有什么效果。从教师教学的维度来看,有环节、呈现、对话、指导和机智五个方面。从这几个方面观察教师的基本素养,这决定了教师在培养学生的核心素养上具备的能力和素养。观者积极主动地思考,改变了传统听课只是填写听课记录本的问题,观者由被动变主动。

最后,核心素养导向下的议课,能帮助教师认识教育观念、教学设计、教的行为、学的行为、学的效果之间的具体联系,从教师行为和学生行为的核心环节入手,反思教育理念,改进教学设计,追求更好的学习效果,实现教师专业素质整体发展。因此可以让教师在了解和认清更多教学选择后,选择更适合学生、更适合教学内容与情境的教学方式和行为。

读《派往明天的教师》有感

重庆市璧山大路中学校　　姚波

在读这本书时,首先看题目就觉得很有文学气息。翻开目录被其每章节标题的优雅的语言艺术所感染。《派往明天的教师》是一个以独特视角、创新手法来展现名师成长道路的缤纷世界,是一顿集"教育哲学""教育文化""教育散文""教育故事""教育案例"等"五味"于一体的文化美餐,是一份为"派往明天的教师"精心酿制的"营养丰富""五味俱全"的精神食粮。阅读这本书,我从中受到了很多的启发,从书中大量名师的成长历程中,我看到了自己前进的方向。读后有以下几点所思所悟。

在夹缝中坚守理想:方寸之间也要悠然舞蹈。在这本书中,写着很多的教育小故事。将教师比喻成派往明天的曙光,教师身上承载着教育的光芒,我们要把全部的爱注入到这个充满梦想和朝气的教育事业中,一种孕育着伟大力量的事业。但教师的曙光并非光芒万丈,也有来自夹缝的悲凉。例如各种考试、考核、问题学生给教师带来了沉重的压力,给教师心理和身体健康带来了一定的影响。作者通过一些小故事,给我们带来了心灵的安慰,以爱之名坚守教育之爱:爱得彻底,爱得执着,爱得智慧,爱得从容。

在实践中反思行为:拥抱复杂的教育世界。我思,故我在。作为青年教师,怎样反思,怎么写好教学反思,我在这本书中找到了答案。课堂反思:反思成功的课堂、反思失败的课堂、反思精彩的课堂、反思平淡的课堂、反思意外的课堂。怎么写好教学反思,反思材料怎么选取:①记录成功的经验,如教学过程中达到的预先设计的教学目标、引起教学共振效应的做法、用什么方法突破的教学难点等。②记录失败的原因,在教学行为完成后,应该反思是否有什么疏漏之处,查找原因,然后探究解决问题的办法,在此基础上查漏补缺,吸取教训,避免以后重蹈覆辙。③记录灵感的闪现,在课堂教学中往往会因为一些偶发事件而产生瞬间灵感,这些"智慧的火花"常常是自然而然地不期而至,若能记下来,则会成为不错的教学资源。若不能及时记录,则会因时过境迁而不复存在。④记录规律性思考,教学过程中许多问题是有规律的,比如课题的引入、问题的处理方法、板书设计方式等。⑤记录感动之处,有时在课堂上会收到意想不到的惊喜,比如黑板上的祝福、讲桌上的一杯热水、一颗糖等,在感动之余,教育学生懂得感恩身边的人、帮助他人等。⑥记录学生的应变,学生是学习的主人,学生总会有灵感的火花在闪烁,教师应当充分肯定学生在课堂上提出的一些独特的见解,这样不仅使学生的好方法、好思路得以推广,而且对学生也是一种赞赏和激励。⑦记录旁观者的感受,对于有些行为而言,自己不是主体,而是作为旁观者时,其依然是反思的好素材。总之,在今后的教学中,以自己的视角记录自己的教学过程,叙述自己的教育故事,并在不断地反思中提高教学效率,促进专业发展,这样长此以往就会生成自己的教育智慧,最后在教育研究方面做出一点成绩。

教师们不仅仅是知识的传递者,更是学生们心灵的引路人,需要用自己的智慧和爱心,为学生们打开一扇扇通往未来的大门,让他们能够勇敢地迎接未来的挑战。教育是一个需要不断创新和进步的过程,教师们需要不断地学习新知识、掌握新技能,才能更好地适应时代的变化,满足学生们的需求。同时,也需要关注学生的个性化发展,尊重他们的兴趣和特长,帮助他们找到属于自己的成长道路。

教师们的工作是充满挑战和奉献的,需要付出大量的时间和精力,去关心每一个学生的成长和发展。但正是有了不断的付出和努力,我们的社会才能培养出更多有才华、有担当的人才,为未来的发展注入源源不断的动力。

作为一名教师应该沿着历史之河前行,在传统中吸收成长所需的营养。这种对传统文化的尊重和传承,有助于培养具有深厚文化底蕴和民族自豪感的人才。作为一名教师需要练就对话能力,因为教育的真谛潜藏在对话之中。作品提倡通过对话来捕捉教育信息、叩问教育行为、探索教育规律和升华教育理论。这种对话与沟通的艺术,有助于建立更加和谐、有效的师生关系。作为一名教师,应该具备思考和反省的能力。同时面对复杂的教育工作,我们需要时刻保持思考的姿态,不断反省教育内容、过程和行为是否恰当和合理。